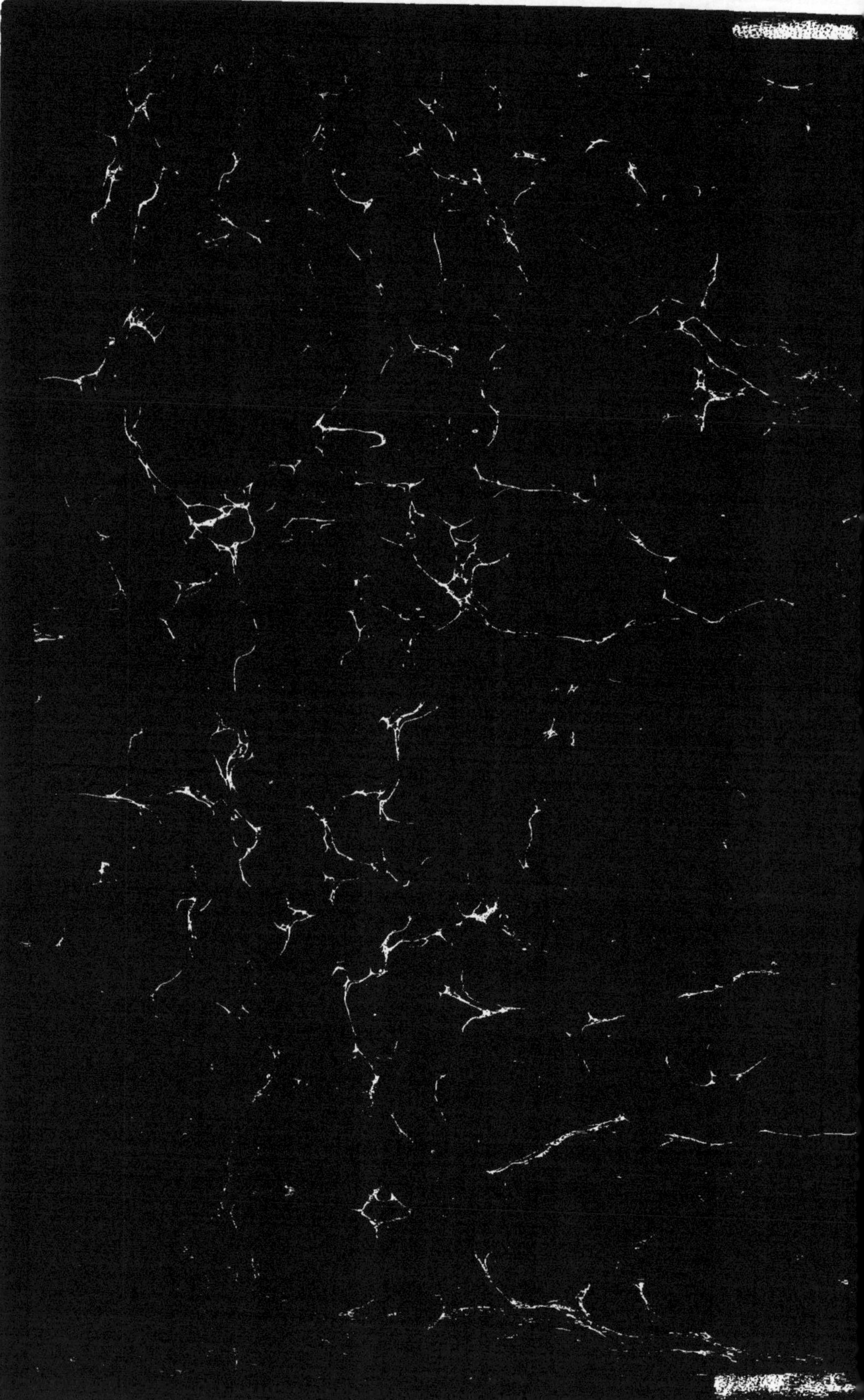

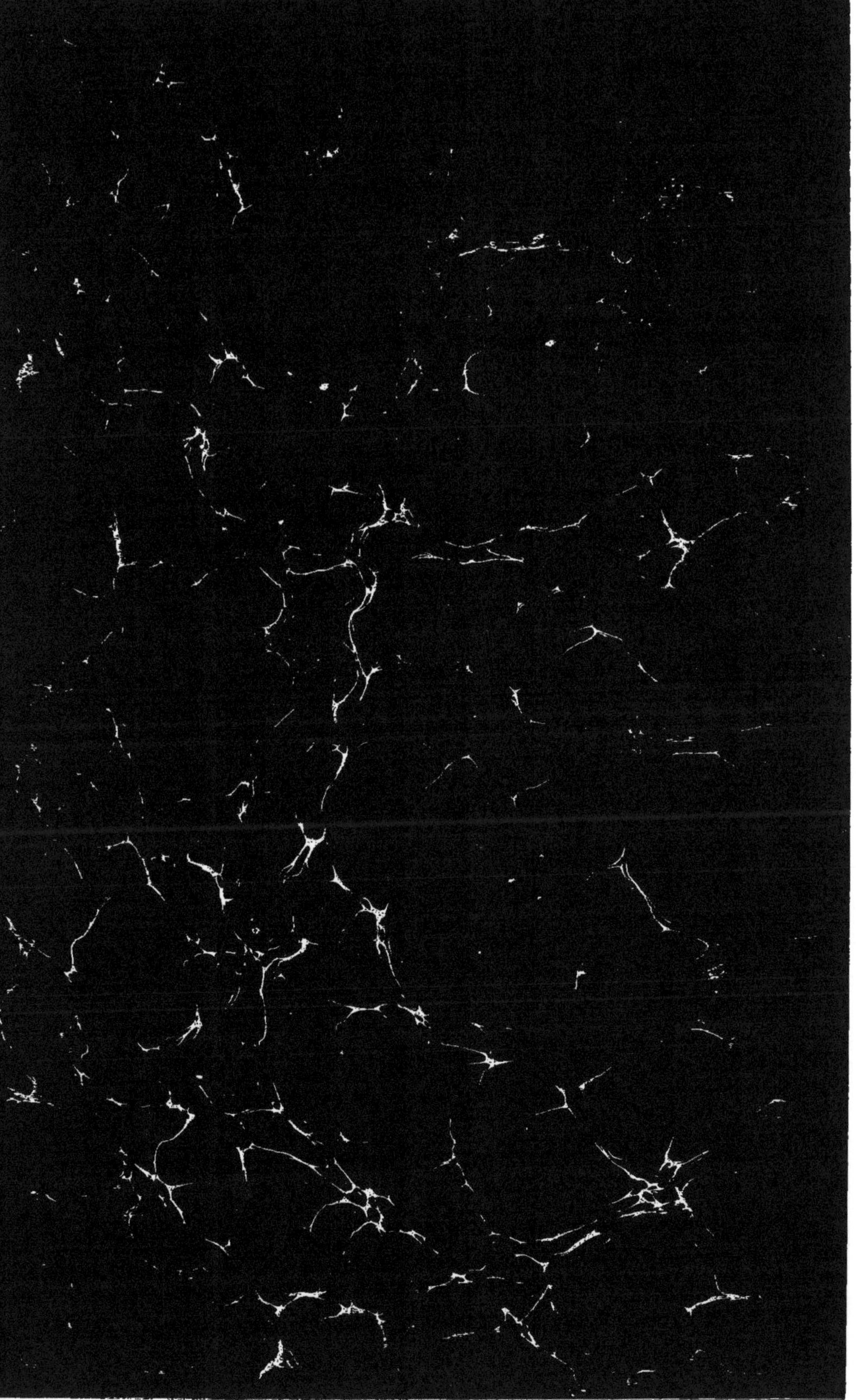

LES

# BATAILLES DE NUITS

Texte et Dessins

PAR

Charles RÉMOND

SECONDE ÉDITION

PARIS
BERGER-LEVRAULT & Cie ÉDITEURS
5, Rue des Beaux-Arts, 5

1884

# LES BATAILLES DE NUITS

Texte et Dessins

PAR

Charles RÉMOND

*SECONDE ÉDITION*

PARIS
BERGER-LEVRAULT & C^{ie} ÉDITEURS
5, Rue des Beaux-Arts, 5
1884

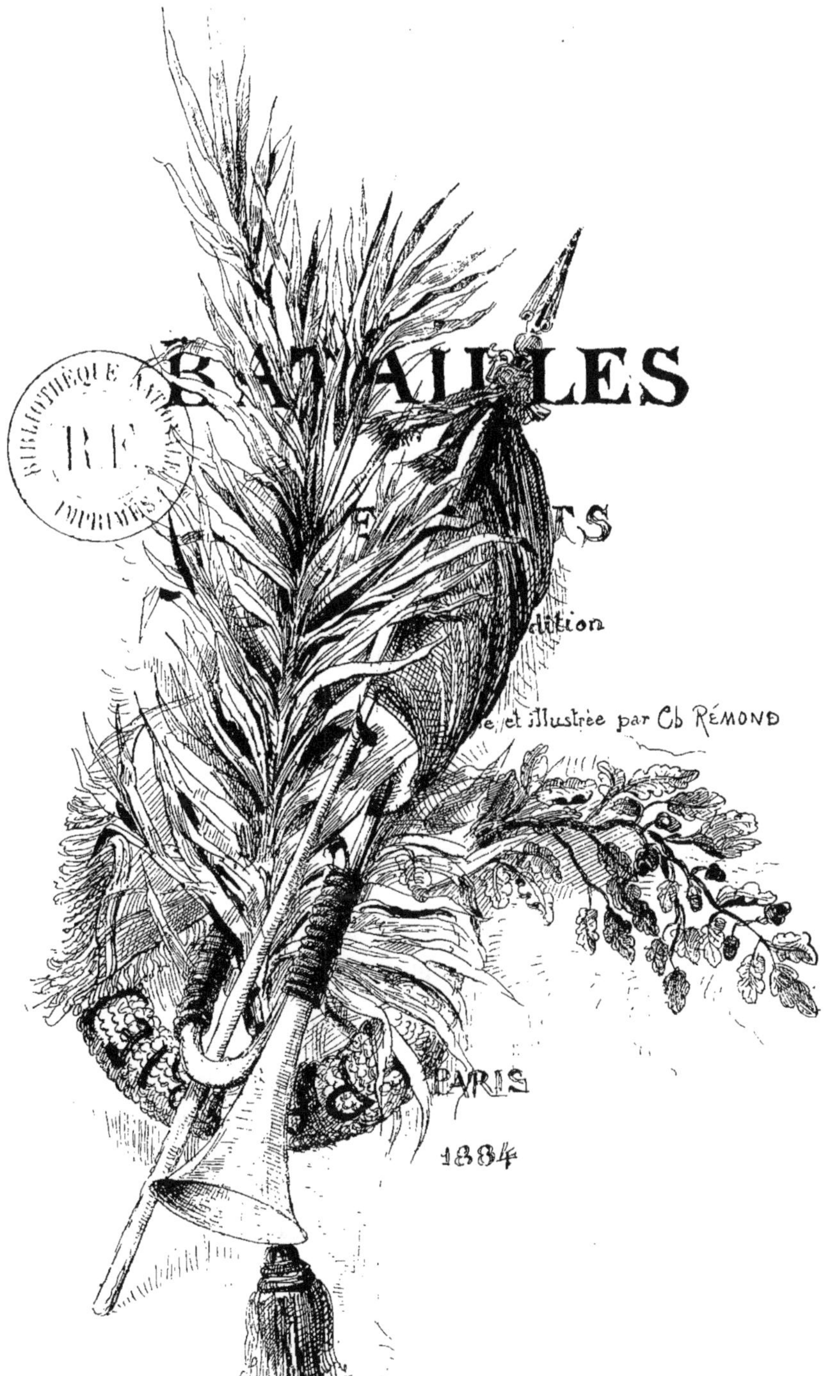
BATAILLES
TS
dition
e et illustrée par Ch RÉMOND
PARIS
1884

## OUVRAGES DU MÊME AUTEUR

---

**NOTICE BIOGRAPHIQUE** sur le grand CARNOT, au profit de la statue à ériger à Nolay. — 1 brochure in-12. — Carré, à Dijon. 1880 (épuisé).

**LES HOMMES DE LA RÉVOLUTION.** CARNOT. — 2e édition. 1 vol. in-16. — Nombreuses illustrations de Ad. Beaune, E. Weill et Maurice, éditeurs à Paris. 1882 (ouvrage adopté pour les Ecoles).

**LE PÈRE DUCHÊNE.** Monologue humoristique. Orné de dessins, par G. Rebillard. — Chollat, imprimerie de l'*Union républicaine*, Mâcon. 1884.

---

SOUS PRESSE :

**LES CHANTS POPULAIRES DE LA BOURGOGNE.** — Un fort volume in-8. — Notices, Patois, Traductions et Musique. — Ouvrage lustré de nombreuses gravures.

**UN CHEF-LIEU DE CANTON.** — Etudes de mœurs provinciales.

*Voici une seconde édition des BATAILLES DE NUITS. C'est, pour ainsi dire, une étude nouvelle, car j'ai soumis mon premier travail à un remaniement complet.*

*Des documents, pour la plupart inédits et dont l'ensemble formera au SUPPLÉMENT une sorte de Résumé de la défense nationale en Bourgogne, m'ont été très généreusement fournis par des personnes que je ne saurais trop remercier ici. Du reste, les noms dont ces notes sont signées en montreront l'importance et en garantiront l'impartialité.*

*Je dois aussi des remerciements tout particuliers à mon ami M. Ernest Baudoin, pour la carte du champ de bataille du 18 décembre qu'il a dressée avec le plus grand soin en vue de cette édition. Ce plan, très net et très exact, ne contribuera pas peu à l'intelligence du texte.*

*Charles RÉMOND.*

*Paris, 15 septembre 1884.*

# CHAPITRE Ier

# CHAPITRE Ier.

## WERDER EN BOURGOGNE.

## LE PREMIER ENGAGEMENT A NUITS.

(20 novembre 1870.)

Au mois de novembre 1870, huit cent mille Allemands occupaient le territoire français. Leur ligne d'invasion s'étendait des bords du Rhin à ceux de l'Oise, de Strasbourg à Paris. Elle était flanquée en tête, entre la Seine et la Loire, par une formidable armée, celle du prince Frédéric-Charles, disponible depuis la capitulation de Metz, et elle était appuyée à droite par le corps de Manteuffel, à gauche par celui de Werder.

C'est cette armée de Werder, forte de cinquante mille hommes, qui, après avoir bombardé et pris Strasbourg, descendit des Vosges dans la vallée de la Saône.

Constamment tenu en échec, du côté de Besançon par le général Cambriels, du côté de Langres par le général Meyère, du côté de Dijon et d'Autun par les généraux Crémer et Garibaldi, Werder eut à soutenir en Bourgogne ce qu'il a appelé lui-même « une guerre d'Espagne. »

Parmi ces combats, souvent glorieux pour nos armes, ceux qui furent livrés à Nuits ont une importance toute spéciale. Ce sont ceux dont il sera question ici.

Dijon, après une résistance désespérée, fut occupé le 30 octobre.

A cette époque, se trouvaient à Nuits les mobiles de l'Isère et de l'Ain. Il y eut aussi à Nuits successivement et quelquefois tout ensemble les francs-tireurs de la Mort, des Pyrénées, des Cévennes, du Jura et les chasseurs du Rhône.

Aucune de ces troupes, d'ailleurs fort peu solides, n'inquiéta sérieusement l'ennemi, sauf peut-être celles des Pyrénées et du Jura.

Bourras, commandant des Pyrénéens, chef de bande très hardi, opérait d'une manière indépendante dans les montagnes de la Côte, entre Gevrey et Echevannes. Sa petite troupe très mobile et constamment tenue en haleine allait, venait, arrivant à l'improviste, de jour et de nuit, partant de même, empêchant les réquisitions des Prussiens dans les campagnes, leur enlevant des convois de vivres, courant jusqu'aux avant-postes de Dijon, tuant parfois quelques sentinelles et ramenant de temps à autre quelques prisonniers.

C'est le 2 novembre au matin que pour la première fois on vit à Nuits les soldats allemands. Un détachement de quatre cents hommes y arriva vers neuf heures et demie.

Il n'y eut pas de combat et il ne pouvait y en avoir. La ville était sans défense, complètement dégarnie de troupes ce jour-là et les habitants n'avaient pour la plupart ni armes ni munitions. L'ennemi y entra sans coup férir, mais il repartit dès le lendemain, la position dominée par la montagne ne lui paraissant pas suffisamment sûre.

A partir de ce moment les Badois revinrent presque chaque jour, et chaque jour plus arrogants et plus exigeants. Leurs réquisitions toujours onéreuses étaient parfois odieuses et souvent grotesques. Un jour, ayant épuisé la série des choses qu'on peut consommer en argent, vêtements, vivres, etc., et ne sachant plus que réclamer, ils imaginèrent de demander une livraison immédiate de cinquante mille cigares ! Il ne fallut rien moins que l'intervention du maire et des adjoints pour leur faire comprendre que la commune était absolument incapable de satisfaire leur caprice.

Le samedi, 19 novembre, des éclaireurs vinrent signifier au maire, M. de Bahèzre, qu'il eût à fournir douze hommes pour chaque détachement de réquisition. Ces douze citoyens devaient marcher en avant afin de protéger les pelotons allemands contre les balles françaises !

Le lendemain, dimanche 20 novembre, à neuf heures et demie du matin, un uhlan est tué dans la rue de la Paroisse.

Saint-Symphorien.

Les Prussiens, avertis par le reste des cavaliers, sortent en grand nombre des maisons qu'ils occupaient depuis la veille.

Des francs-tireurs sont échelonnés sur la rive droite de la rivière, à mi-côte de la montagne, dominant le quartier de Saint-Symphorien et le vallon de la Serrée.

Les premiers coups de feu retentissent à dix heures un quart. Bientôt la fusillade devient générale. Les nôtres couvrent l'ennemi d'un feu plongeant très nourri.

Ce n'est qu'assez tard, dans la soirée, que les Badois parvinrent à former des colonnes d'assaut et finirent, non sans difficulté, par déloger nos francs-tireurs en les rejetant sur le village de Chaux.

Maitres de la montagne, les Allemands, furieux de cette résistance inattendue, saccagèrent les villas qui se trouvent le long de la route, et les incendièrent. Ce soir-là, la ville fut éclairée par la lueur de ces feux sinistres.

Les vainqueurs continuaient à poursuivre les Français. Ceux-ci, accablés par le nombre, n'avaient pu soutenir plus longtemps ce premier combat et s'étaient enfuis. Toutefois, bien qu'imparfaitement organisés, ils ne laissèrent que très peu d'hommes sur le champ de bataille. Mais on devait apprendre avec quelle atroce cruauté étaient traités les malheureux qui tombaient entre les mains de l'ennemi. Ce soir-là, en effet, fut commis un de ces actes de sauvagerie dont les Allemands seuls sont capables.

Un jeune franc-tireur n'avait pu suivre la retraite. Epuisé de fatigue, malade, incapable de faire un pas, ses camarades l'avaient porté sur le bord de la route de Chaux, dans une carrière, et là, haletant, grelottant la fièvre, il s'était blotti. Mais bientôt, les pillards et les incendiaires allemands qui couraient la montagne découvrirent la retraite du moribond. Ils fondent sur lui, crosses levées, sabres en l'air, hurlants, affolés, grisés de meurtre. Alors, le petit français, voyant tout espoir perdu, rassembla ses forces et bondit dans un suprême effort.

A ce moment, quoique criblé de blessures, il respirait encore. Il est poussé du pied, relevé de force, au milieu d'horribles clameurs, et entrainé pour un nouveau supplice.

Le malheureux fut conduit à une demi-lieue de là, sur la route de Dijon, derrière le jardin anglais, tandis que de toute part la montagne était enveloppée de fumée et de flamme. Il marchait sous les coups de crosse et les coups de sabre, sous les injures et les crachats, râlant, brisé, la figure déchirée, sanglant... A la fin, il tomba. Alors, longuement, lentement, avec des hourrahs de cannibales, les soudards teutons lardèrent à coups de baïonnette cette chair palpitante, jusqu'à ce que, froide et rigide, elle ne fût plus qu'un cadavre.

Ce héros, ce martyr, s'appelait Léon Mesny de Boisseaux. Engagé volontaire dans les francs-tireurs du Jura, il avait à peine dix-huit ans. Il était d'une grande famille, l'une des plus riches de la Franche-Comté. Sa mère était veuve et n'avait que lui au monde. Lui, il avait tout quitté, dès le début de la campagne, pour courir à la défense de la France envahie.

Un retour offensif ramena quelques heures plus tard les Français dans la ville, et on apporta au milieu de la nuit ce jeune soldat à l'hôpital. Son corps n'était qu'une plaie. Les sœurs hospitalières l'ensevelirent elles-mêmes. Ses amis, ses compagnons d'armes vinrent aussi veiller près du cercueil avec les sœurs. La nuit suivante, ils emportèrent ses restes à l'hôpital de Beaune pour les rendre à sa mère. Brisée de douleur, la pauvre femme eut cependant assez de volonté et assez de force pour venir au-devant de la chère dépouille.

Aujourd'hui, au sortir de Nuits, sur le bord de la route, à l'endroit où il tomba pour ne plus se relever, on voit une croix de pierre au milieu d'un parterre de fleurs toujours renouvelées par des mains amies.

Les guerres de la Révolution ont eu leurs enfants héroïques. La défense nationale n'a-t-elle pas eu les siens? (1)

Cette journée nous coûta un tué et six blessés. Les pertes de l'ennemi furent plus sensibles. Il eut dix tués et quarante-deux blessés.

Lorsque, dans la soirée, les Allemands redescendirent à Nuits, ils prirent comme otages et emmenèrent avec eux :

MM. Berthet, délégué aux fonctions de maire;
Dupont, ancien maire;
Jacquinot, secrétaire de la mairie ;
Moreau, directeur du télégraphe.

---

(1) Voir au *Supplément*.

Ils maltraitèrent fort ces Messieurs, les jetant dans les fossés et les menaçant à tout propos de les fusiller.

Le lendemain, un exprès vint demander cinq mille francs pour leur rançon.

La Ville paya deux mille francs comptant et ils purent rentrer.

Les Allemands se retirèrent sur Dijon le lendemain même du combat. Ils eurent encore ce jour-là, 21 novembre, un combat assez vif à soutenir contre les francs-tireurs de Bourras. Cette escarmouche eut lieu à Vougeot et les Prussiens ne quittèrent ce village qu'après l'avoir pillé.

Ce que Werder venait de tenter du côté de Nuits n'était qu'une reconnaissance. Le détachement qui l'avait exécutée se replia sur Dijon sans essayer de se maintenir plus longtemps, mais non sans laisser d'horribles traces sur son passage et des menaces peu rassurantes pour l'avenir.

---

# CHAPITRE II

# CHAPITRE II.

## ORGANISATION DE LA BRIGADE CRÉMER.

## FAUSSE ATTAQUE SUR DIJON.

(26 novembre 1870).

Le 23 novembre, un jeune capitaine d'état-major, évadé de Metz et créé général par le Gouvernement de la Défense nationale, Crémer, avait pris le commandement d'une brigade stationnée à Chagny. Cette brigade comprenait :

1° Deux *légions mobilisées du Rhône;* colonels Celler et Ferrer (1);

2° Une *batterie d'artillerie* de 9 (Armstrong à longue portée); capitaine Pitrat ;

3° Un bataillon de *mobiles de la Gironde;* commandant de Carayon-Latour ;

4° Une compagnie des *chasseurs volontaires du Rhône;* capitaine Marengo;

5° Un détachement de *mobiles de Saône-et-Loire.*

L'état-major comprenait :

Un *chef d'état-major :* colonel Poullet ;

Un *secrétaire :* commandant Hennequin ;

---

(1) Les légions du Rhône étaient formées : 1° des hommes non mariés de ce département (classes 1858 à 1864) ; 2° de volontaires. Elles comprenaient chacune 3 bataillons de 6 compagnies (115 hommes par compagnie), 1 batterie d'artillerie et 1 compagnie du génie.

Un *aide de camp :* capitaine Crémer;

Trois *officiers :* capitaine de Chabans, lieutenant du Plessis, sous-lieutenant Mouth ;

Un *directeur de l'artillerie :* commandant Camps ;

Et un *directeur du génie :* capitaine Lemore.

En tout, cinq mille hommes disséminés au Sud-Est du département de la Côte-d'Or.

La première légion du Rhône occupait Verdun-sur-le-Doubs, la deuxième était à Chagny et le bataillon de la Gironde se trouvait à Beaune.

Aussitôt arrivé à Chagny, Crémer partit pour Beaune avec la deuxième légion, y rallia le bataillon de la Gironde, donna ordre à la première légion de se porter de Verdun à Tart-le-Haut, en remontant la vallée de la Saône par Seurre-Aubigny, et envoya son chef d'état-major, le colonel Poullet, à Lantenay, pour y conférer avec Garibaldi au sujet d'une attaque combinée sur Dijon. L'entente eut lieu et le jour fut pris.

Mais, le 26 novembre au matin, Werder, inquiet des mouvements que lui signalaient ses éclaireurs, ordonna au général Degenfeld de pousser une forte reconnaissance dans la direction de Montbard, jusqu'au village de Pâques.

Cette reconnaissance, sortie de Dijon par la route de Chatillon-sur-Seine, vint se heurter aux six mille hommes de Garibaldi, en avant de Lantenay. Garibaldi chassa Degenfeld successivement de Pâques, Prénois, Darois, Talant, et le poussa l'épée dans les reins jusqu'à l'entrée de Dijon. Les meilleures troupes de l'armée des Vosges entrèrent même en ville à la faveur de la nuit; mais la réserve, composée de jeunes mobiles, n'ayant pu soutenir ce mouvement, Garibaldi dut se replier à onze heures du soir. Les Prussiens n'inquiétèrent pas sa retraite et il reprit à trois heures du matin ses positions de la veille, à Lantenay. Cependant, harcelé dès le lendemain par la brigade Keller, il fut contraint de battre en retraite sur Sombernon et Arnay-le-Duc. Ce n'est qu'à Autun que Garibaldi put trouver un point d'appui assez solide pour faire tête. Keller l'y atteignit sans réussir à le déloger (1<sup>er</sup> décembre).

Quant à Crémer, ignorant ce qui se passait dans la vallée de l'Ouche, il avait pris les dispositions convenues. Son centre était à Gevrey, son aile droite, composée de la 1re légion et de la batterie de 9, occupait Tart-le-Haut pour se rabattre sur

Crémer.

Dijon par la route de Genlis ; sa gauche, enfin, était prête à donner la main à Garibaldi par Chenôve et Larrey.

Le colonel Poullet avait poussé avec succès une reconnaissance en avant de Gevrey, et le 27 au soir tout était prêt pour la bataillle du lendemain, lorsqu'une dépêche de Bordone, chef d'Etat-major de l'armée des Vosges, datée de Bligny-sur-Ouche, vint annoncer la retraite de Garibaldi sur Autun.

Crémer n'avait pu supposer que Garibaldi attaquerait dès le 26. Ce dernier, qui n'avait pas pu le prévenir du mouvement de l'ennemi contre Lantenay, aurait mieux fait, résistant à une ardeur très chevaleresque sans doute, mais aussi très dangereuse, de ne point se lancer à la poursuite de Degenfeld jusqu'au cœur de Dijon, et se contenter, après ses succès à Darois, de prendre de fortes positions pour l'attaque du lendemain ; car, malgré une vive polémique engagée plus tard entre le vieux guerillero et le jeune général au sujet de ce défaut d'entente, le jour fixé pour le combat avait bien été la journée du 28 (1).

Quoi qu'il en soit, à la nouvelle de la retraite de l'armée des Vosges, Crémer avait deux partis à prendre : se replier dans la direction de Beaune, ou se jeter dans le flanc gauche de la colonne qui poursuivait Garibaldi.

Il se détermina pour la première de ces deux solutions, et voici pourquoi :

Ne pouvant ni rester seul à 10 kilomètres de Dijon, c'est-à-dire sous la main de Werder, ni découvrir la route de Lyon et la tête de ligne de Chagny que le Gouvernement de la Défense nationale lui avait donné pour mission de protéger, c'était, s'il se fût jeté dans la vallée de l'Ouche, laisser Beaune et Chagny à la merci de l'ennemi, abandonner à Werder une de nos plus importantes lignes de communication entre la Saône et la Loire, c'était se faire tourner et s'exposer avec des forces insuffisantes et sans artillerie à se faire écraser dans une région montagneuse toute coupée de ravins et fort difficile à franchir avec des troupes peu aguerries. C'eût été renouveler la faute commise par les Autrichiens en 1796. Enfin, et dans tous les cas, il était à supposer que Garibaldi trouverait sur sa ligne de

(1) Témoignage du colonel Poullet.

retraite un point favorable pour résister à la poursuite de Keller. C'est en effet ce qui arriva deux jours plus tard.

Crémer se replia donc, après avoir donné ordre à la 1re légion et à l'artillerie de quitter Tart-le-Haut immédiatement pour se rendre à Nuits. Lui-même s'arrêta dans cette ville bien résolu à s'y maintenir et à y rassembler toutes ses forces.

Nuits est déjà assez éloigné de Dijon pour éviter une surprise venant de cette place, et les hauteurs qui l'entourent lui donnent une réelle valeur stratégique, surtout pour des troupes forcées de se tenir sur la défensive. On y peut accepter le combat contre un ennemi supérieur en nombre et l'on y tient, en cas d'échec, d'excellentes lignes de retraite, telles que les routes de Beaune et de Bligny.

Le 28, dans l'après-midi, Crémer s'occupait de se retrancher dans sa nouvelle position, lorsqu'arriva de Beaune à l'improviste, le général de division Crévisier, son chef hiérarchique, qui lui intima l'ordre, malgré ses protestations, d'embarquer ses troupes pour Beaune dans des wagons vides qu'il venait de lui amener à cet effet. Le général de brigade dut céder ; mais, dans la nuit même, Crévisier fut révoqué par le Gouvernement de Tours, et Crémer, promu au grade de général de division, prit la direction des opérations.

---

# CHAPITRE III

## CHAPITRE III.

### SECOND COMBAT DE NUITS.

(30 novembre 1870.)

Le jour même de sa promotion au grade de divisionnaire, le 30 novembre, Crémer partit de Beaune pour Nuits, où 2,000 Prussiens s'étaient établis à sa suite, le 28 au soir.

A dix heures et demie, il passe devant le front des troupes qui l'accueillent par les cris de : « Vive Crémer ! Vive la République ! »

Il n'avait avec lui que la 2e légion du Rhône et le bataillon de la Gironde ; mais la 1re légion et la batterie de 9, venant de Tart, devaient, selon toute probabilité, arriver à Nuits ce jour-là.

La colonne se mit en marche dans l'ordre suivant :

En tête, à 900 mètres, une avant-garde de francs-tireurs des Cévennes sous la direction du capitaine Thibaud. Venaient ensuite le général et son état-major ; puis successivement : les francs-tireurs d'Alger (1) sous le commandement du lieutenant Lhéritier, une compagnie du génie sous les ordres du capitaine Saffrey, les trois bataillons de la 2e légion commandés par le colonel Ferrer et les chefs de bataillon Duproz, Mouton et Nicorelli, l'ambulance de la légion sous la direction du médecin-major Fontan, les bagages conduits par le capitaine-trésorier Gauthier, et enfin le bataillon de la Gironde sous les ordres du commandant de Carayon-Latour.

---

(1) Ces francs-tireurs d'Alger portaient également le nom de francs-tireurs de la Mort.

A Comblanchien, Crémer apprend que l'ennemi est fortement retranché à Nuits avec trois pièces de canon et qu'il dispose de forces relativement considérables. Il n'en fait pas moins accélérer la marche et arrive à Premeaux. Il dirige à sa gauche, sur le coteau de Chaux, les francs-tireurs des Cévennes, les francs-tireurs d'Alger et le 1er bataillon de la légion pour donner la main aux francs-tireurs des Vosges qui occupent déjà ce point. Il garde au centre, sur la grande route, les 2e et 3e bataillons de la légion et envoie sur la droite, dans la direction de Quincey, le bataillon de la Gironde.

Il était une heure de l'après-midi. Depuis quelque temps déjà on entendait le canon de l'ennemi.

C'est dans la ville même qu'eut lieu l'action principale. Voici le récit qu'en fait un témoin oculaire (1) et que nous trouvons dans une lettre écrite quelques jours seulement après le combat :

« Dans la matinée du 30 novembre, les bombes de l'ennemi, « dirigées de la route de Dijon sur les coteaux de Chaux, « occupés par nos troupes, étant venues à raser de près le toit « de notre maison, et craignant, non sans raison, d'être incen- « diés ou écrasés dans un éboulement, nous et nos enfants, « nous prîmes la résolution d'aller à l'Hôpital demander un « asile à l'abri du drapeau de Genève. Entre midi et une heure, « nous traversions les rues désertes.

« Près du pont, des cavaliers prussiens, revolver au poing, « nous font signe de débarrasser la rue au plus vite. Nous « fuyons et nous atteignons enfin l'Hôpital, sains et saufs. A « peine arrivés, la curiosité aidant, nous montons au grenier « pour voir ce qui se passait.

« Devant nous, à deux ou trois cents pas, les bataillons prus- « siens occupent le pont, la rue de Beaune, le quai Fleury, les « uns à genoux, les autres debout. Les officiers vont et viennent, « très affairés, entre les rangs, à cheval et donnant des ordres « à haute voix. A ce moment, l'un d'eux nous aperçoit et « braque sur nous son revolver. Nous n'en prenons point « souci.

---

(1) Mme J. R. qui ne nous a pas autorisé à la désigner autrement que par ses initiales.

*Hôpital de Nuits.*

Vue prise de la rue de Quincey

« Déjà l'action est engagée, car nous voyons près du pont « arriver deux soldats allemands avec un brancard sur lequel « un des leurs est couché. Un officier fait un geste, et immédia- « tement trois hommes entrent chez Mouillard, le cordier, en « ressortent avec un édredon et y placent le blessé. Mais nous « sommes encore découverts et une seconde fois couchés en « joue. Cette fois, nous jugeons prudent de nous retirer et nous « allons nous placer à une autre lucarne, celle-ci donnant non « plus sur le pont du côté du couchant, mais au levant, sur la « rivière.

« Là, à notre grand étonnement, nous voyons deux soldats « de Werder longer à pas de loup le mur du jardin de Lupé, « aller droit à la porte qui donne sur le Muzin, la pousser « doucement et entrer l'un après l'autre dans le clos. Comment « se faisait-il que cette porte fût ouverte ? Plus tard, nous « devions l'apprendre. Une servante allemande, au service de « la maison de Lupé, tandis que son maître tenait bravement la « campagne à la tête d'une compagnie de francs-tireurs, avait « ménagé cette entrée à nos ennemis. C'était sa manière, à elle, « de reconnaître l'hospitalité française.

« De ce fait, les Prussiens étaient maitres d'une excellente « ligne de défense, car toute la propriété forme un très vaste « carré entouré de hauts et solides murs en maçonnerie, émi- « nemment propres à servir de retranchement.

« On en eut bientôt la preuve. Les premiers entrés ouvrirent « les portes de la maison du côté de la rue de Beaune, et toute « une compagnie put, par des créneaux immédiatement pratiqués « dans la muraille, tirer impunément sur nos défenseurs.

Tandis que dans la ville la lutte se poursuivait avec acharnement, à l'Hôpital on était en prières. « Tout à coup, nous dit « un autre témoin, les vitraux de la chapelle, les lustres volent « en éclats. Les balles passent au-dessus de nos têtes, pénètrent « dans les boiseries, éraflent les murailles, s'aplatissent contre « les corniches de pierre. On en voit encore les traces aujour- « d'hui. »

Et le drapeau des ambulances flottait sur cette maison ! Mais à quoi bon insister, on ne sait que trop comment les Allemands en général et les Badois en particulier, ont su respecter les hôpitaux et les ambulances pendant la campagne de France !

Revenons au combat. Voici ce qui s'était passé :

Crémer avait fait commencer le feu à 200 mètres du clos de Lupé, et, quoique sans artillerie, il n'avait pas hésité à s'engager résolument. Entouré de son état-major, dont presque tous les officiers s'étaient comme lui évadés de Metz, il se tenait avec une crânerie qui n'excluait pas le vrai courage, au centre de la ligne d'attaque, sur la route de Beaune balayée à chaque instant par les balles. A sa droite, le colonel Ferrer eut son cheval criblé de projectiles.

Nos soldats, tout d'abord terrifiés par ces feux roulants qu'ils essuyaient pour la première fois, se rassurèrent bien vite en voyant le sang-froid de leurs chefs.

Le capitaine Sandoz déploie sa première compagnie du deuxième bataillon et riposte vivement au feu de l'ennemi. Le sergent Aubry, les légionnaires Rajon, conseiller municipal de Tarare, Bœgner, avocat, et Dieterlen, étudiant en médecine, se distinguent entre tous par leur énergie.

Le colonel Ferrer, démonté, dirige à pied les 5e et 6e compagnies du 3e bataillon (capitaines Auguste Ferrer et Gerboz) à la gauche du 2e bataillon pour le relier au 1er et aux francs-tireurs qui continuent leur mouvement tournant par Saint-Symphorien et refoulent les colonnes débouchant de Nuits par la route de Dijon.

Au centre, un clairon des tirailleurs des Cévennes, Louis Bony, tombe mortellement blessé en sonnant la charge. Le lieutenant Loupy ramasse le fusil du mourant qu'il jure de venger et s'élance en avant suivi des tirailleurs de la légion.

Electrisés par cet exemple, les légionnaires du 2e bataillon se précipitent dans la ville, rejoignent les Allemands qu'ils forcent à reculer par un feu à bout portant et une vigoureuse charge à la baïonnette. Quelques Badois qui se sont cachés dans les maisons sont découverts et tués sur place.

Au même instant, un homme d'un rare coup d'œil et d'un beau courage, le commandant du bataillon de la Gironde, vient de faire une diversion inattendue. Lançant son bataillon sur la gare du chemin de fer, il a tourné la gauche de l'ennemi, il va l'attaquer à revers par la rue de Quincey et lui couper la retraite.

*Chasseur du Rhône*

Croquis d'après nature (1870)

La situation était critique pour les Prussiens. Après un moment d'hésitation, ils cessent le feu et se replient au plus vite.

Le lieutenant Blanc, avec la 5e compagnie du 2e bataillon, rejoint sur la place de l'Hôtel de Ville le lieutenant Loupy qui a traversé Nuits au pas de course, et se porte sur la route de Boncourt où il fusille l'ennemi qui fuit dans cette direction.

Bientôt toute la légion entre en ville avec les Girondins et les Francs-tireurs.

Les Allemands avaient perdu 6 officiers et 92 hommes.

Les francs-tireurs des Vosges avaient eu 3 tués et 7 blessés.

La deuxième Légion du Rhône avait éprouvé des pertes très légères : 2 tués et 2 blessés. (1)

Le général Crémer, dans son rapport sur le combat du 30 novembre, cite comme s'étant particulièrement distingués : le colonel Ferrer, le capitaine Chéry et le clairon Goy, enfant de quinze ans. (2)

Nous n'avions pas de cavalerie pour inquiéter la retraite de l'ennemi ; mais la nuit venait, et eussions-nous possédé quelque troupe à cheval qu'il eût été fort dangereux de la lancer à sa poursuite.

Le but principal était atteint. L'ennemi, refoulé, allait nous donner le temps d'entreprendre une opération importante d'un autre côté. Nous en parlerons au chapitre suivant, bien que l'action ait eu lieu à plus de 30 kilomètres de Nuits, parce que cette affaire se relie trop directement à notre exposé pour en être exclue.

Dans la nuit du 30 novembre au 1er décembre, une compagnie du 2e bataillon fut placée en grand'garde sur la route de Dijon avec les francs-tireurs des Cévennes. Une compagnie du 3e bataillon fut postée à la gare et les francs-tireurs d'Alger occupèrent la barrière de la route d'Agencourt et la tranchée Saint-Bernard.

---

(1) Voici les noms des tués et des blessés de la 2e légion du Rhône :

*Tués* : Bony, clairon, et Philibert Deborde, légionnaire de la 1re compagnie du 1er bataillon.

*Blessés* : Capitaine Perret, de la 1re compagnie du 1er bataillon, et Eugène Savoie, légionnaire de la 6e compagnie du 1er bataillon.

(2) Voir au *Supplément* l'ordre du jour du colonel Ferrer, page 124.

Le lendemain, 1er décembre, à 10 heures du matin, l'ennemi fit un retour offensif ; mais ce ne fut qu'une légère escarmouche entre une compagnie de la Gironde soutenue par une section de légionnaires (capitaine Mouton) et quelques tirailleurs prussiens. Un sergent et un mobilisé girondins furent seuls blessés.

Le même jour, à 4 heures du soir, les ambulances prussiennes se présentèrent aux avant-postes pour recueillir les blessés allemands. Le colonel Ferrer voulait les retenir prisonnieres; mais le général Crémer les remit généreusement en liberté en donnant aux officiers et aux médecins qui les accompagnaient l'assurance que leurs blessés étaient parfaitement soignés par nous.

---

# CHAPITRE IV

## CHAPITRE IV.

### COMBAT DE CHATEAUNEUF.

(3 décembre 1870).

Quelques heures après le combat du 30 novembre, arriva à Nuits la 1re légion et sa batterie. Crémer put alors mettre à exécution le projet qu'il avait formé de couper la route à Keller qui, battu sous Autun le 1er décembre, rentrait à Dijon par Arnay-le-Duc.

Malheureusement nous n'avions pas de cavalerie pour nous éclairer et le général ne pouvait connaître que très imparfaitement l'effectif et la marche de l'ennemi. Il avait à plusieurs reprises réclamé un escadron de cavalerie à Tours ; mais le gouvernement n'avait pas un seul peloton à lui envoyer, toutes les troupes à cheval, réunies en hâte, étant déjà insuffisantes pour éclairer nos grandes armées du Nord et de la Loire.

Se fier aux renseignements fournis par les habitants, telle était la seule ressource. Voici à ce sujet un précieux témoignage qui nous est fourni par le chef d'état-major de l'armée de Crémer :

« Il faut, dit le colonel Poullet, le proclamer à l'honneur de « la Bourgogne, les habitants de la Côte-d'Or déployèrent en « toutes occasions un dévouement et une bonne foi au-dessus « de tout éloge ; traversant les lignes ennemies, bravant mille « fois la mort pour nous apporter des nouvelles. Pour savoir « ce qu'ils furent pendant la campagne, il faut se représenter « les plus dévoués et les plus désintéressés des patriotes ! »

Mais ces renseignements, tout sincères et tout spontanés qu'ils fussent, étaient trop souvent contradictoires et, dans tous les cas, impossibles à contrôler. Ajoutons que les Prussiens se servaient sans scrupule des habitants de nos campagnes pour porter de fausses nouvelles et l'on comprendra les difficultés qui s'élevaient à chaque instant quand il s'agissait de résumer les témoignages pour en dégager la vérité (1).

Si nous insistons sur ce détail, c'est que précisément on a dit à ce sujet des choses bien bizarres. Les uns eussent voulu que Crémer crût tout, les autres qu'il ne crût rien. Parmi les braves gens qui risquaient leur vie pour éclairer notre petite armée, les uns ont été ravis de l'accueil du général, d'autres en ont été indignés. Aux uns, disent-ils, il répondait : « Vous avez raison », à celui-ci : « Vous êtes fou ! » ; à cet autre : « Vous êtes un espion et je vais vous faire fusiller ». Il est clair qu'en tenant de pareils propos, Crémer avait surtout pour but de déconcerter les messagers de fausses nouvelles, au cas où il s'en fût présenté. Enfin, il est possible que des paroles imprudentes aient échappé au jeune et fougueux général ; mais il faut reconnaitre qu'il y avait grand embarras à se déterminer d'après de vagues probabilités.

Quoi qu'il en soit, le 3 décembre à 1 heure du matin, Crémer eut la certitude que Keller, repoussé d'Autun l'avant-veille, occupait avec une brigade de 5,000 hommes les villages de Sainte-Sabine et de Vandenesse, entre Arnay-le-Duc et Sombernon, sur la route d'Autun à Dijon.

Il résolut de lui couper la retraite en l'attaquant dans ces positions, avant qu'il eût le temps de se porter plus loin.

En conséquence, les ordres furent donnés immédiatement.

Le colonel Poullet, avec 3 compagnies de volontaires du Rhône et le bataillon de la Gironde, attaquera de front par Chaudenay.

Le colonel Ferrer, avec la 2e légion, 2 obusiers et les mobiles de Saône-et-Loire, tournera Sainte-Sabine par la gauche, en chassera Keller et gagnera rapidement Vandenesse pour lui barrer la route de Sombernon.

Le général Crémer, avec la 1re légion et ses 6 pièces, occupera la crête de Châteauneuf et recevra l'ennemi refoulé de Chaudenay, de Crugey, de Sainte-Sabine et de Vandenesse.

Ainsi, ce plan, parfaitement conçu, consistait à former une

---

(1) Voir *Supplément*, page 128.

Châteauneuf

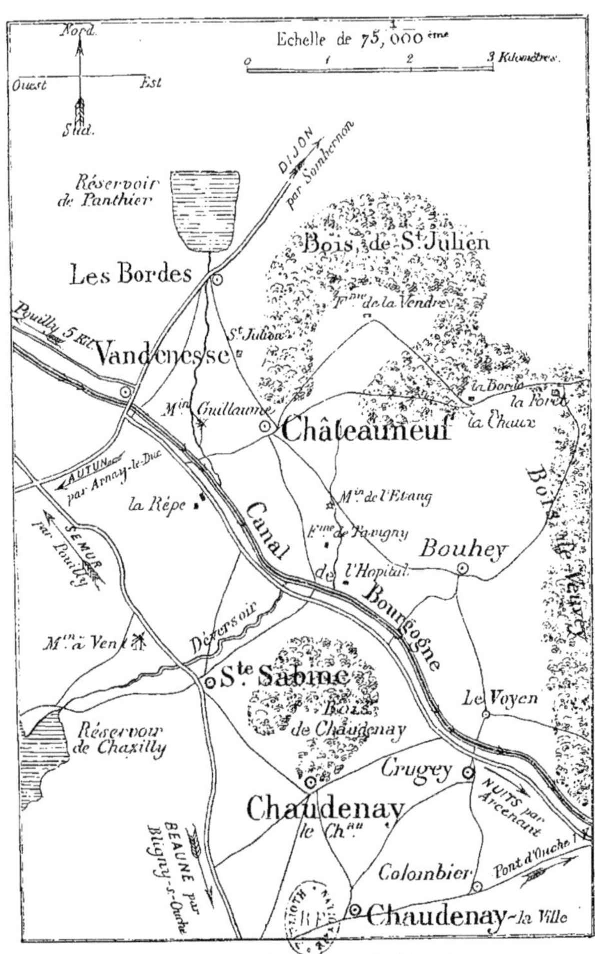


Carte au 1/75000e dressée par Ch. Rémond.

sorte de tenaille dont le pivot se trouvait à Chaudenay, l'une des dents à Châteauneuf et l'autre à Sainte-Sabine. Si ces deux branches parvenaient à se rejoindre sur Vandenesse, les Prussiens pressés comme dans un étau sur la route très encaissée à cet endroit, écrasés dans le défilé par le feu plongeant de notre artillerie, devaient fatalement déposer les armes ou se laisser anéantir.

Crémer s'était porté le 2 décembre de Nuits à Bligny-sur-Ouche par Ladouée. Le 3, à 4 heures du matin, on sortit de Bligny par la route de Pouilly-en-Montagne, dans l'ordre indiqué plus haut.

La marche était très pénible, par un froid excessif et sur une neige durcie.

La 2e légion subit un retard considérable en raison des difficultés du terrain et quand elle arriva devant Sainte-Sabine, elle n'y trouva plus l'ennemi.

Quant à Crémer, il s'était établi à temps sur Châteauneuf. Les attelages de son artillerie étant impuissants à gravir les hauteurs, les artilleurs, avec un élan admirable, montèrent leurs pièces à bras, dans deux pieds de neige, les établirent sous les balles et, au signal de leur chef, le commandant Camps, ouvrirent le feu à 600 mètres sur les colonnes prussiennes qui, sorties de Sainte-Sabine et de Vandenesse à la première alerte, commençaient à défiler au fond de la gorge, sur la route de Sombernon.

Keller surpris riposta à coups de canon, envoyant sur notre position une grêle d'obus; mais, tirés de bas en haut, ces projectiles ne nous firent que peu de mal. Quant à nos boulets, ils ne répondirent pas aux obus prussiens et continuèrent à tomber dans les masses de l'infanterie. Keller déploya au plus vite ses bataillons et les lança pour enlever le bois de Saint-Julien. Il pouvait ainsi tourner Châteauneuf et nous rejeter dans la vallée. Mais un bataillon de la 1re légion occupait la lisière du bois. Il attendit l'ennemi à bonne portée et le reçut par un feu roulant qui le dispersa rapidement.

N'ayant pas réussi à nous entamer sur notre gauche, Keller tenta alors de rompre notre droite ; mais il vint se heurter contre le colonel Poullet qui, n'ayant pas rencontré l'ennemi à Chaudenay, accourait au bruit du canon de Châteauneuf. Son arrivée subite acheva de déconcerter les Prussiens. Ils flottèrent un instant, puis prenant leur parti, ils s'enfuirent.

Dès lors Keller, ne songeant plus qu'à se dégager, rallia ses troupes pour se frayer un passage sur Sombernon.

C'est alors qu'il eût été complètement écrasé si le colonel Ferrer, sortant de Vandenesse, l'avait pris par le flanc gauche, tandis que le colonel Poullet poussait son arrière-garde l'épée dans les reins et que le général Crémer continuait à bombarder son flanc droit.

Malheureusement, au moment où Keller défila en vue de Vandenesse, Ferrer n'y était pas encore. Un long mouvement tournant en arrière de Ste-Sabine lui avait fait perdre un temps précieux et quand, enfin, il atteignit Vandenesse, le gros de la brigade prussienne s'était échappé sur Sombernon.

Ferrer, voulant réparer ce retard, lança, en toute hâte et avec une grande audace, ses têtes de colonnes à la poursuite de l'ennemi. Elles coururent jusqu'à Commarin, près de Sombernon, y atteignirent l'arrière-garde, enlevèrent cinq voitures de vivres et ramenèrent quatre-vingts prisonniers.

Du côté des Prussiens, 200 tués, 600 blessés, 120 prisonniers; du nôtre, 40 tués, 200 blessés, tel fut le résultat de ce combat de Châteauneuf.

Si nos mouvements n'avaient pas été ralentis par une marche à travers champs, dans une neige épaisse qui couvrait la terre depuis plusieurs jours et qui, ce jour-là encore, ne cessa de tomber en abondance, tandis que les Prussiens, grâce à la grande route qu'ils tenaient, pouvaient exécuter des marches relativement rapides, notre succès sans aucun doute eût été beaucoup plus complet. Enfin, malgré les difficultés du terrain et le retard de la deuxième légion, si nous avions eu de la cavalerie, il eût été possible de poursuivre Keller d'une manière plus efficace et de lui faire plus de mal encore.

Cependant, quoique incomplet, ce combat qui, en somme, se termina à notre avantage, n'en était pas moins très honorable pour nous et, dans tous les cas, il eut un excellent résultat moral, il rendit confiance au soldat jusqu'alors si abattu et si peu conscient de l'utilité de ses efforts. Aussi, à ce moment, la dépêche que Garibaldi adressa à Crémer ne parut-elle pas trop exagérée :

« Mes félicitations, disait Garibaldi, mes félicitations au « jeune et vaillant général de la République.

« Votre manœuvre est marquée au coin du génie de la « guerre; j'en augure bien pour l'avenir. »

# CHAPITRE V

## CHAPITRE V.

### COMPOSITION DÉFINITIVE DE LA DIVISION CRÉMER.

Le soir de Châteauneuf, nous couchions sur nos positions et le lendemain, dimanche 4 décembre, Crémer regagnait Nuits où il arrivait le 5.

Huit jours après, il reçut pour compléter sa division :

1° Le 32e régiment de marche, colonel Graziani ;

2° Le 57e de marche, lieutenant-colonel Millot;

3° La 22e batterie de quatre du 9e d'artillerie, capitaine Aubrion;

4° La 22e batterie de quatre du 12e d'artillerie, capitaine Viala.

Toute l'artillerie fut réunie sous les ordres du commandant Camps et une compagnie du génie sous la direction du capitaine Lemore.

Quant aux troupes de la 1re brigade, elles restaient composées comme nous l'avons vu et l'état-major était le même.

Crémer restait à Nuits, forcé, sinon à une inaction complète, du moins à n'entreprendre rien d'important tant que Garibaldi demeurerait immobile à Autun. Pour reprendre les opérations, il lui fallait par prudence attendre que le commandant de l'armée des Vosges se fut remis en mouvement dans la vallée de l'Ouche.

Toutefois, dans cette première quinzaine de décembre, des pointes sur Saint-Bernard, Gevrey, Saint-Philibert, amenèrent l'échange de quelques coups de fusil entre nos avant-postes et ceux de Werder.

Un détachement prussien, fort de 1,200 hommes, qui s'était avancé jusqu'à Citeaux, fut même sur le point d'être surpris.

Tout était convenu pour l'enlever, lorsque le général Bressolles, qui organisait un corps d'armée à Lyon, vint donner ordre à Crémer de se tenir prêt pour une attaque imminente sur Dijon. Contre-ordre arriva le lendemain, mais l'occasion était manquée. Elle ne se représenta plus.

Au moment où nous sommes arrivés, le Gouvernement de la Défense nationale, après l'effondrement de l'empire, après l'anéantissement de nos espérances, après Sédan et après Metz, avait résolument relevé notre drapeau. C'est l'époque où un jeune avocat étonnait l'Europe en improvisant la Résistance dans des conditions qu'on n'eût jamais cru possibles. Gambetta, s'efforçant de communiquer à tous son fougueux patriotisme, sa robuste foi dans un avenir meilleur, avait réuni sur la Somme, sur la Loire, sur la Saône, des armées nouvelles faites des débris de l'ancienne, résidus des dépôts, produits de la défaite, sans cadres, sans commandement, mobiles insuffisamment équipés et non exercés, artillerie mal attelée et mal servie, foules disparates et indisciplinées qui, sous sa fiévreuse impulsion, se transformèrent cependant en ces armées de Faidherbe et de Chanzy qui tinrent tête à l'ennemi à Coulmiers, à Beaune-la-Rolande, à Bapaume et sur maints autres glorieux champs de bataille.

Les deux armées qui occupaient la Bourgogne et que commandaient les généraux Crémer et Garibaldi avaient moins que tout autre échappé aux défauts d'organisation de cette cruelle époque ; mais, toutes faibles et toutes imparfaites qu'elles fussent, elles n'en contribuèrent pas moins à sauver comme les autres le seul bien qui nous restât à défendre, l'honneur national.

Cependant, une cause particulière de faiblesse existait pour Crémer. Indépendamment de l'effectif très restreint dont il disposait — au plus 9,000 hommes contre 25,000 réunis à Dijon — le concours de Garibaldi ne lui était pas assuré d'une manière aussi absolue qu'il eût dû l'être. Il est vrai que Crémer était séparé de l'Armée des Vosges par une région montagneuse, presque impraticable par suite des neiges abondantes qui s'y étaient accumulées ; mais, il y avait néanmoins une voie de communication restée libre, le chemin de fer

*Werder*

D'après une photographie de Trêves (1870).

d'Autun à Chagny par Epinac et Nolay, dont Garibaldi n'usa qu'une seule fois et d'une manière incomplète. C'est d'un autre côté qu'il faut chercher la raison de ce funeste désaccord entre les deux généraux : elle résidait dans des difficultés d'ordre purement moral avec lesquelles Garibaldi était lui-même aux prises et dont il est bon de tenir compte. (1)

Quoi qu'il en soit, la petite armée de Crémer possédait un noyau d'excellentes troupes. C'étaient surtout les légions mobilisées du Rhône et le 3e bataillon de la Gironde. De bons Français, ceux-là, et de braves soldats qui firent leur devoir jusqu'au bout et surent mourir, sinon pour la victoire, du moins pour l'honneur de la patrie.

Ce sont eux, ces hommes arrachés la veille au foyer, à la ferme ou à l'atelier, au bureau de travail ou au comptoir de boutique, ces citoyens improvisés soldats, que nous avons vus alors, campés dans la boue, bivouaqués dans la neige par un froid terrible, qui se fit cette année-là l'allié de Bismark. Leur allure, leur uniforme, leur figure même, tout en eux semblait nouveau.

Grelottant sous la peau de mouton qui leur couvrait les épaules et où ils glissaient leurs mains gercées, les oreilles gelées sous des mouchoirs entortillés autour de la tête, ils battaient la semelle, aux heures de halte, en attendant qu'ils maniassent le chassepot ou qu'on leur donnât l'ordre de courir à la baïonnette.

C'était pitié de voir ces malheureux transis, à la peau violacée, sabrée par la bise. Si d'autres donnaient de déplorables exemples d'indiscipline, d'ivrognerie, de paresse et d'inconduite, eux, du moins, ils ne se plaignaient pas. Ils étaient là, ils y restaient et faisaient leur devoir. Il eût suffi à ces hommes de quelque renfort et d'un peu de foi dans le succès pour écraser Werder, *le Brûleur de Strasbourg*, et pour faire de la journée indécise du 18 Décembre une belle victoire.

---

(1) M. Camille Farcy les a résumées d'une manière très lucide; on les trouvera au *Supplément*, page 97.

# CHAPITRE VI

# CHAPITRE VI.

## TROISIÈME COMBAT DE NUITS.

(Bataille du 18 décembre 1870.)

La II^e armée prussienne, sous le prince Frédéric-Charles, s'était portée au milieu de décembre sur la Loire pour y refouler Chanzy.

Le grand Etat-major allemand, voulant assurer les communications entre cette deuxième armée et celles qui assiégeaient Paris (III^e et IV^e), donna ordre, du 8 au 13 décembre, au général Zastrow avec le 7^e corps prussien de surveiller les lignes de Châtillon-sur-Seine, Nuits-sous-Ravière et Paris-Lyon, de Tonnerre à Joigny, et, enfin, de se relier à la II^e armée par des détachements sur Auxerre, Nevers, Cosne et Gien.

A la même date, Werder (14^e corps) reçut l'ordre de surveiller au nord de Dijon les lignes d'étapes qui reliaient les armées du siège de Paris avec l'Allemagne, de maintenir ces communications en enlevant la place de Langres, de se dégager en même temps du côté du sud en repoussant Crémer sur Chalon-sur-Saône et de tenir Garibaldi en respect dans le Morvan afin qu'il n'entravât point les opérations de Zastrow sur la Loire.

En conséquence, Werder envoya de Dijon sur Langres le général de Goltz qui, après avoir repoussé la garnison dans les combats des 16, 17 et 18 décembre, à Longeau et à Saint-Géômes, ne put forcer la place où commandait le brave général Meyère et dut se contenter d'en faire le siège.

Enfin, Werder se réserva de repousser personnellement Crémer sur Chalon par une opération concentrique sur Beaune.

Il divisa ses forces en trois colonnes.

Celle de droite, sous le commandement du général Degenfeld, prit par la montagne.

Celle du centre, conduite par le général de Glümer, descendit la route de Beaune.

Celle de gauche, commandée par le prince Guillaume de Bade se dirigea par Longwic et Saulon-la-Rue dans la plaine de Citeaux en suivant la route de Seurre et la voie romaine.

Werder en personne marchait avec cette dernière fraction, la plus importante des trois, surveillant l'ensemble et prêt à prendre la direction des opérations que pourraient nécessiter les événements ultérieurs.

Le dimanche 18 décembre au matin, par un froid de 12 degrés au-dessous de zéro, les éclaireurs de Guillaume de Bade rencontrèrent nos avant-postes à Fenay, près Saulon-la-Rue.

Le même jour, Crémer se trouvait en reconnaissance à Gevrey avec le bataillon de la Gironde, deux bataillons de la 1re légion du Rhône et la batterie du capitaine Pitrat, quand, à 8 heures du matin, parut le premier peloton de uhlans, pointe d'avant-garde de Glümer. Ils furent accueillis par notre fusillade en même temps que cinq ou six obus bien dirigés tombaient sur la route de Dijon au milieu des bataillons prussiens.

Mais, à ce moment, une estafette du colonel Poullet, resté à Nuits, arrivait en toute hâte prévenir le général qu'on signalait de l'Etang-Vergy une forte colonne ennemie descendant de la montagne sur Villars-Fontaine et que le lieutenant Joly posté à Epernay avec ses volontaires du Rhône battait en retraite devant des forces supérieures, dans la direction de Saint-Bernard.

Crémer, menacé d'être coupé, replia immédiatement son avant-garde sur Vosne et rentra à Nuits.

Sans l'attendre, le colonel Poullet, voyant clairement que l'ennemi allait attaquer Nuits de front et sur les deux flancs, avait pris une énergique initiative. Il avait télégraphié à Beaune au lieutenant-colonel Millot d'embarquer le 57e de marche qui se trouvait en réserve dans cette ville et de le diriger au plus vite sur Nuits ; puis, il avait expédié les ordres suivants :

*Nuits et ses environs*

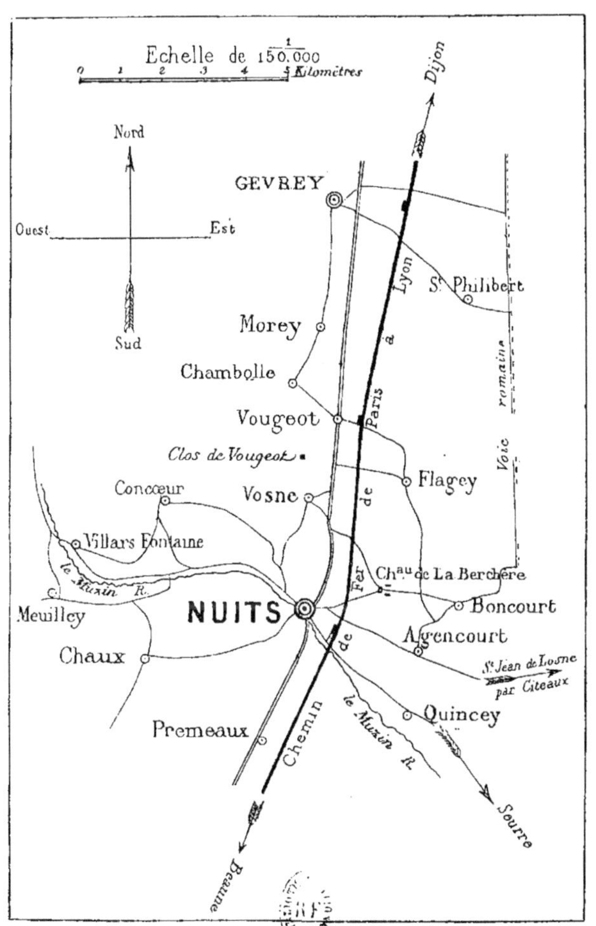


Carte au 1/150000e dressée par Ch. Rémond.

Au lieutenant-colonel Chabert de la 2e légion d'arriver au pas gymnastique avec les 2 bataillons qu'il avait à Premeaux ;

Au capitaine Viala d'atteler et d'amener au galop les 6 canons qu'il avait dans ce même village,

Enfin, au commandant du 3e bataillon de la 2e légion, cantonné à Comblanchien, de monter immédiatement à Chaux et de s'y tenir en réserve.

Le général Crémer, dès qu'il fut rentré à Nuits, approuva ces dispositions et se hâta de les compléter.

Il donna ordre :

Au lieutenant Legoux de rester à la Bergerie, sur le plateau de Chaux, avec ses 4 pièces du 9e d'artillerie et de les mettre en batterie en prenant pour objectif le plateau de Concœur ;

Au capitaine Aubrion, avec 4 autres pièces du 9e, de rester sur la crête de Chaux du côté du nord-ouest en dirigeant ses coups sur Villars-Fontaine.

En même temps, il envoyait :

Le colonel Graziani avec le 32e de marche, à l'aile droite, sur Boncourt ;

Le commandant de Carayon-Latour avec ses Girondins et un bataillon de la 2e légion, en réserve derrière le remblai du chemin de fer, en face Vosne, prêt à appuyer Graziani ;

Le sous-lieutenant de Dartein, à la gare, avec 2 pièces de 4 du 12e d'artillerie pour s'opposer à tout mouvement tournant sur notre droite ;

Le colonel Celler, au centre, sur la route de Dijon ;

Le colonel Poullet, à l'aile gauche;

Le capitaine Worms sur le chemin de Chaux, à mi-côte et face à Boncourt, avec une section de la batterie de 9 ;

Le capitaine Viala, arrivé de Premeaux, également sur la montagne, avec 4 pièces du 12e, face à Agencourt,

Et enfin, le capitaine Pitrat avec 4 pièces de 9, sur la route de Beaune, face à Quincey.

Pendant ce temps, l'ennemi se rapproche et accentue ses mouvements. A 11 heures et demie, l'action s'engage sur toute la ligne.

A l'aile droite, le colonel Graziani repousse trois assauts du 2e grenadiers badois. Mortellement blessé, il n'en garde pas moins le commandement et n'abandonne Boncourt que devant l'incendie de ce village et un mouvement tournant de forces

8

écrasantes. Il recule sur La Berchère, lentement et par échelons, met en contact son régiment avec le bataillon de la Gironde, renforce les points faibles et, par une sortie de front, intrépidement soutenue par Carayon-Latour, refoule encore l'ennemi. Graziani, épuisé par ce suprême effort, tombe mourant sur le champ de bataille.

Alors, le combat redouble d'acharnement. Une grêle d'obus s'abat sur La Berchère où des charges de cavalerie, soutenues par des feux roulants d'infanterie, tentent en vain d'entamer les Girondins.

Notre artillerie de Chaux, servie par d'excellents pointeurs, sans répondre aux boulets de l'ennemi, dirige un feu terrible sur les colonnes prussiennes qui sortent de Boncourt et défilent le long du bois de la Berchère.

Le lieutenant Joly, avec les chasseurs du Rhône, le lieutenant Lhéritier, avec les franc-tireurs d'Alger, accourent à la droite du bataillon de la Gironde et le soutiennent vigoureusement.

Pour en finir, Werder donne l'ordre à ses réserves d'entrer en ligne et à sa cavalerie tout entière de charger par Quincey. Alors le lieutenant Dartein, avec une audace inouïe, met ses deux pièces en batterie, à 400 mètres de l'ennemi, et le couvre en quelques minutes de 8 obus à balles et de 24 boites à mitraille.

Arrêtés de front par ce feu foudroyant, assaillis par un bataillon de la 2e légion qui vient d'arriver, pris en écharpe par les boulets de Camps et de Pitrat dont les batteries sont établies sur le chemin de Chaux, les dragons de Werder, rejetés les uns sur les autres, tourbillonnent un instant sous les balles et les obus, essaient en vain de se reformer, se rompent de nouveau et bientôt tournent bride sans avoir réussi à entamer notre aile droite.

Mais bientôt le château de La Berchère est écrasé par l'artillerie badoise qui ouvre de ce côté un feu épouvantable. Crémer voyant que l'enlèvement de ce point était imminent, qu'une partie de nos troupes allait ainsi être coupée de Nuits, et ne voulant pas, d'autre part, prolonger plus longtemps le sacrifice désormais inutile de ses meilleurs soldats, donna ordre d'évacuer La Berchère.

Il était 1 heure et quart. Le mouvement de retraite se fit en

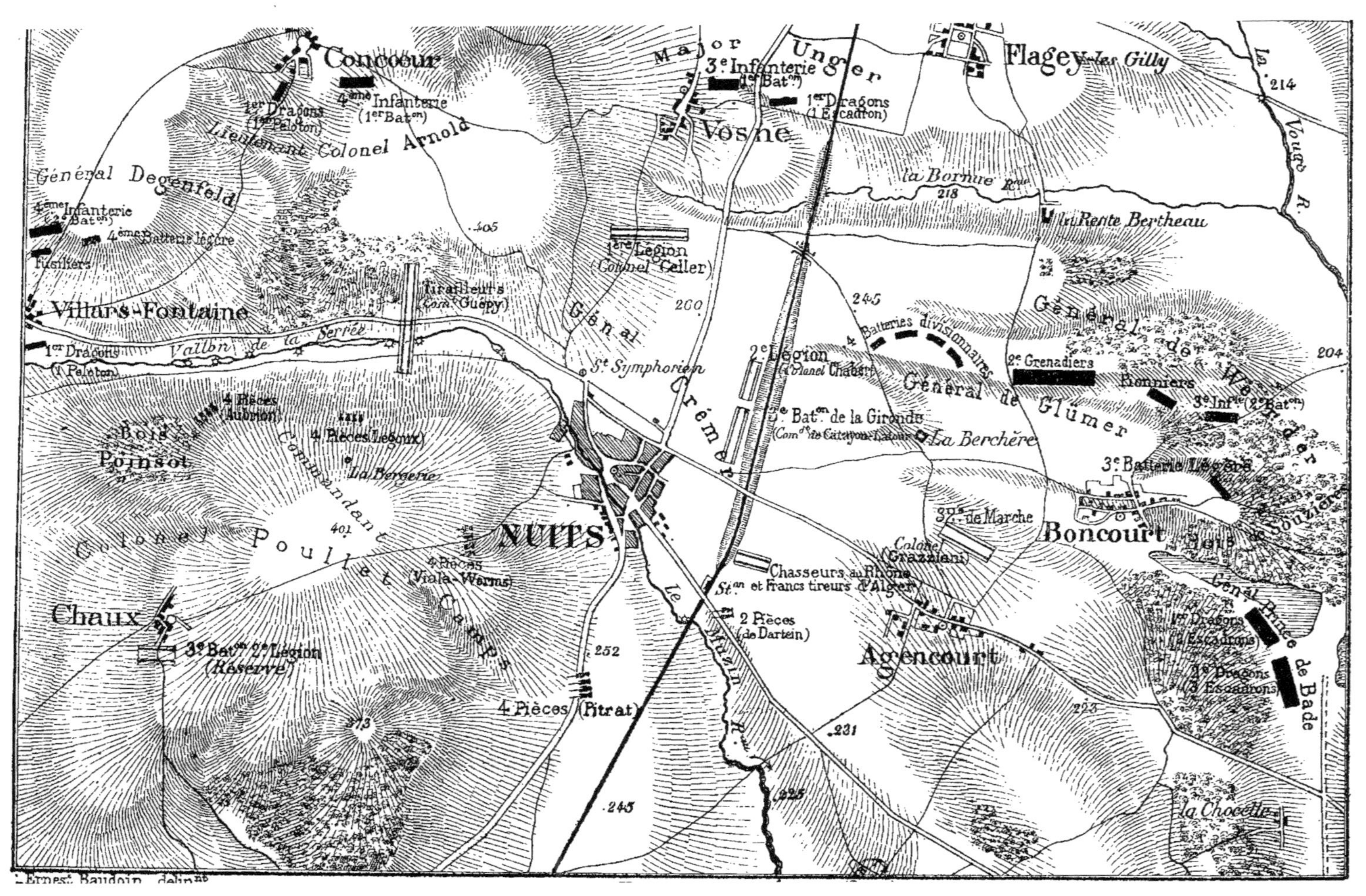
Concœur
4ème Infanterie (1er Baton)
1er Dragons (1er Peloton)
Lieutenant Colonel Arnold
Général Degenfeld
4ème Infanterie (2e Baton)
4ème Batterie légère
Fusiliers
Villars-Fontaine
Tirailleurs (Comt Guépy)
1er Dragons (1 Peloton)
Vallon de la Serrée
Major Unger
3e Infanterie (1er Baton)
1er Dragons (1 Escadron)
Vosne
Flagey-les-Gilly
La Vouge R.
214
la Bornue Rau
218
la Rente Bertheau
.405
1ère Légion (Colonel Celler)
200
Génal Crémer
St Symphorien
245
Batteries divisionnaires
2e Légion (Colonel Chabert)
3e Baton de la Gironde
La Berchère
Général de Glümer
Général de Wechmar
2e Grenadiers
Pionniers
3e Infie (2e Baton)
3e Batterie Légère
204
4 Pièces (Aubrion)
4 Pièces (Legoux)
Bois Poinsot
La Bergerie
Commandant
401
Colonel Poullet Camps
NUITS
4 Pièces (Viala-Warms)
Chaux
3e Baton 2e Légion (Réserve)
252
4 Pièces (Pitrat)
373
.245
Le Muzin Rau
.231
.225
2 Pièces (de Dartein)
Chasseurs du Rhône
Stan et Francs tireurs d'Alger
32e de Marche
Colonel (Grazziani)
Agencourt
Boncourt
223
Génal Prince de Bade
1er Dragons (4 Escadrons)
2e Dragons (3 Escadrons)
la Chocelle
Ernest Baudoin delint

bon ordre malgré le feu intense de l'ennemi, grâce au sang-froid de l'héroïque Carayon-Latour qui, ayant eu son cheval tué sous lui, allait à pied, les vêtements criblés de balles, le sabre faussé d'un éclat d'obus, donnant l'exemple, encourageant ses hommes du geste et de la voix et ne se retirant que le dernier.

Au centre, Celler soutenu par l'artillerie de Chaux défendait bravement le village de Vosne avec la 1re légion du Rhône. Mais, resté en flèche après l'évacuation de La Berchère, écrasé par des masses supérieures, menacé d'être pris sur les deux flancs par Concœur et par Boncourt, il dut se résoudre à battre en retraite. A 1 heure et demie, son mouvement s'exécute régulièrement avec l'aide de troupes fraiches que Crémer lui amène en personne. Arrivé aux premières maisons de Nuits, Celler se retourne et fait tête à l'ennemi. A 2 heures, il tombe frappé d'une balle en pleine poitrine.

Cependant Werder, bien qu'il nous eût refoulé de La Berchère et de Vosne, n'en était pas moins arrêté dans son mouvement tournant par Quincey, il n'en était pas moins impuissant à faire taire nos batteries de Chaux et à briser l'obstacle qu'il avait rencontré à Concœur. Comprenant que pour enlever Nuits il ne lui restait plus qu'à tenter une attaque désespérée sur la ligne du chemin de fer, il donna ordre à son artillerie de Concœur et à la réserve de Glümer qui était à Vosne de se porter immédiatement sur La Berchère.

De notre côté, Girondins, francs-tireurs, 32e de marche et 1re légion du Rhône ont pris position dans la tranchée.

« On renouvelle leurs munitions. La lutte va devenir terrible.

« Les Allemands, eux, se préparent à forcer la ligne. Ils « savent que le lion est blessé et veulent lui porter les derniers « coups.

« A 2 heures et demie, les batteries Holtz, de Porbeck, « Proben, Hecht, Gobel ouvrent un feu épouvantable sur le « chemin de fer. Il y grêle des obus, des paquets de mitraille. « Nos jeunes soldats restent impassibles sous cette tempête de « mort.

« Soudain, les masses ennemies s'ébranlent et s'avancent sur « eux. Au tour de la France, maintenant ! Un éclair se pro- « longe le long du chemin de fer et les Allemands disparais- « sent. Morts, blessés, vivants, tous tombent comme des épis

« sous un vigoureux coup de faux. Il n'y a pas assez de fossés, « de raies de champs, de broussailles pour les cacher. Ceux « qui ne sont pas à plat ventre sont pliés en deux, poussant des « hourrahs sans échos. Et la ligne de fer pétille et étincelle « toujours !

« Les bataillons de Werder n'osent plus se relever ; encore « un peu, ils vont se débander. Le moment est critique. L'état- « major allemand le comprend. Une partie se met à la tête des « troupes, tandis que l'autre, les frappant par derrière à coups « de plat de sabre, les oblige à se tenir debout et à combattre, « on les fait avancer par bonds ; à chaque décharge, ces pre- « miers soldats du monde se couchent à terre.

« C'est alors que tombent, plus ou moins grièvement frappés, « le général de Glümer, le prince Guillaume de Bade, les co- « lonels de Wechmar, de Rentz, le lieutenant-colonel Hoffmann, « le baron de Rœder et plus de quarante officiers de tout grade.

« Ah ! l'Allemagne versera longtemps des pleurs de sang au « souvenir de cette journée (1) ! »

Nous semblions inexpugnables, et la victoire tournait à notre avantage, lorsqu'une partie de la 2e légion du Rhône, subitement prise d'une terreur panique, se rompit en se débandant dans toutes les directions.

Crémer, voyant ce mouvement de retraite désordonnée dans un moment aussi décisif et qui allait tout compromettre, emporté par le désespoir, perdant la tête, se jeta sur les fuyards, le revolver au poing ; mais, malgré le général en chef, malgré le colonel Chabert, malgré le commandant Mouton qui commandait cette légion, et qui firent des efforts désespérés pour rassurer leurs hommes, il fut impossible de les rallier.

Notre ligne était rompue. En face d'un ennemi rendu furieux par une résistance acharnée, c'était la déroute, le massacre sans quartier. Telle du moins apparaissait à tous la situation de nos malheureux soldats, quand se présenta tout à coup le colonel Millot avec un bataillon du 57e de marche. C'était le salut.

Les nouveaux arrivés se ruent sur les Prussiens, à la baïonnette, avec un entrain irrésistible.

---

(1) « *Causerie* », de M. Clément-Janin, 16 décembre 1883.

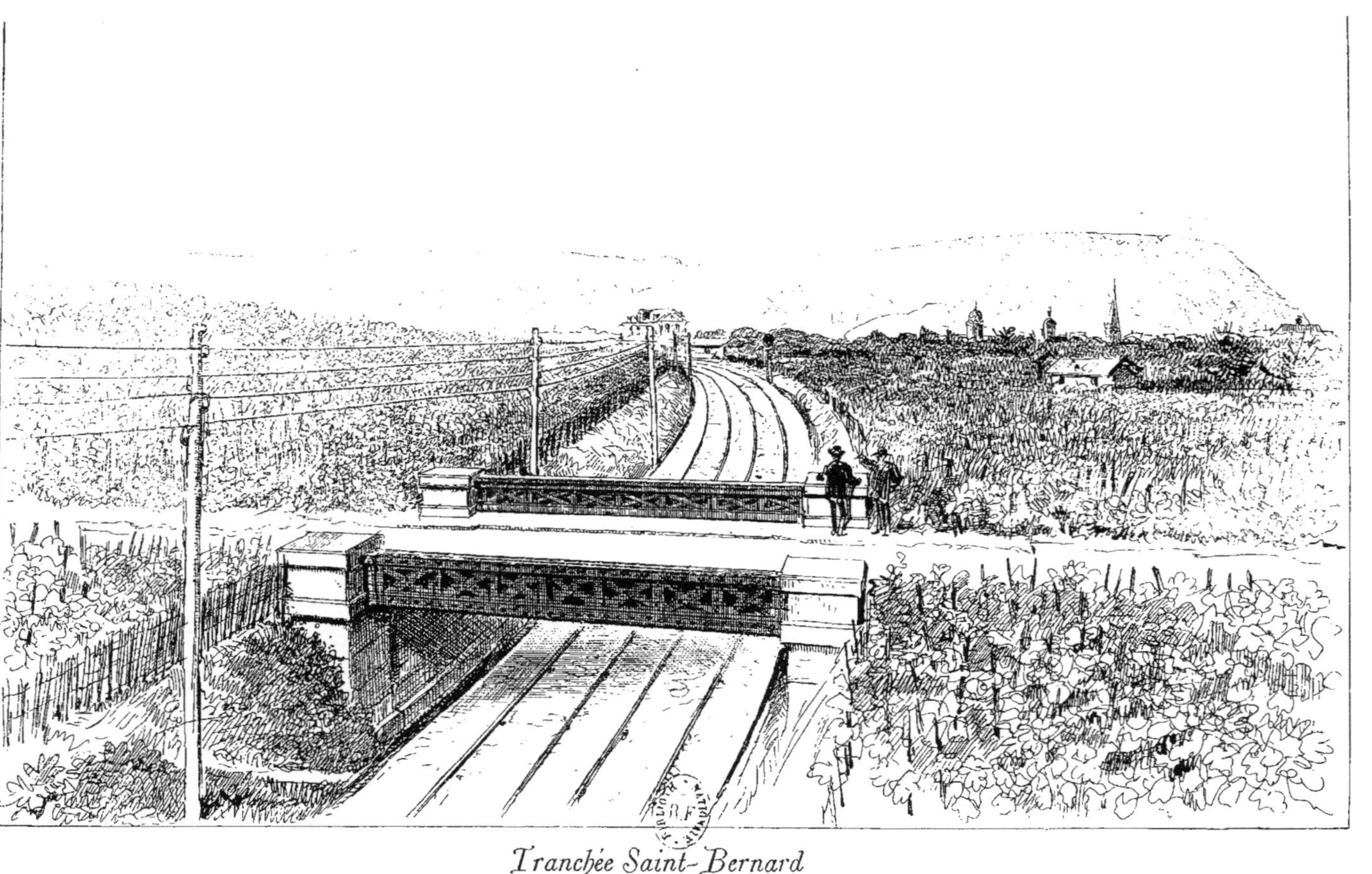

*Tranchée Saint-Bernard*

Vue prise du pont de La Berchère.

Le major Gemmingen qui, en avant d'Agencourt, poussait une pointe jusqu'aux abords de la gare, tombe frappé à mort.

Le chef de gare, M. Meignant, avec une intrépidité superbe, à lui seul, près de la barrière, rallie une vingtaine de fuyards, les ramène au combat, prend un fusil et inflige avec sa petite troupe des pertes sensibles à l'ennemi.

Les soldats du 57e dégagent en un instant à coups de baïonnettes la rue de Quincey et les abords de la gare.

Tout pouvait encore se réparer.

Si les deux autres bataillons du 57e étaient arrivés à ce moment, si surtout le colonel Bourras était venu à déboucher par Saint-Nicolas et Agencourt sur les derrières de l'ennemi déjà si fortement ébranlé, nul doute que la journée n'eût été pour nous un grand succès. Mais, par une fatalité comme nous en eûmes tant à déplorer pendant cette funeste guerre, la Compagnie du Chemin de fer mit une lenteur extrême dans l'embarquement, et au lieu de trois bataillons attendus, le colonel Millot ne put en amener qu'un à trois heures de l'après-midi. Les deux autres ne débarquèrent que dans la soirée, lorsque, faute de renforts suffisants, notre retraite était devenue irréparable. Quant à Bourras, il a prétendu que Crémer l'avait éloigné, bien résolu à se passer de lui. En réalité, Crémer n'avait aucune autorité sur Bourras qui agissait isolément et pour son propre compte avec ses francs tireurs. Le 17, il occupait Auvillars-Broin, le 18 il était à Saint-Jean-de-Losne. Pendant toute cette journée, il resta derrière la forêt de Citeaux, sourd à la voix du canon. Quels qu'aient été ses ressentiments plus ou moins fondés contre Crémer, on ne comprend pas quelles raisons ont empêché ce colonel, d'ordinaire si brave, à ne pas accourir sur le champ de bataille de Nuits dont il n'était éloigné que de trois à quatre lieues.

Malgré tout, ce n'est qu'après un combat acharné et au prix de grands sacrifices que les Allemands finirent par s'emparer de la gare et de la ligne du chemin de fer. Ces positions une fois emportées, ils se précipitèrent sur la ville, par la rue de Quincey, quoique ralentis dans leur mouvement par les feux de salve du 57e. Le colonel Millot, en effet, ne recula que très lentement devant ces masses profondes qui broyaient tout sur leur passage.

Sur un autre point, la résistance se prolongeait également

furieuse. Le lieutenant Démarot de la 1re légion se maintenait à la croisée des routes de Boncourt et d'Agencourt, contre les bataillons prussiens qui sortaient de Vosne et contre ceux qui descendaient de Concœur.

Enfin, le commandant Clot, à bout de force, sa dernière cartouche tirée, ordonne de se replier sur Nuits. Soutenu par quelques tirailleurs et couvert par les batteries de Chaux, il rétrograde le dernier de tous, précédé des Girondins et du 32e et tombe gravement blessé à l'arrière-garde.

Du côté de la plaine, la bataille était perdue.

Du côté de la montagne, elle était gagnée.

Sur la droite de Chaux, à la Bergerie, le lieutenant Legoux tenait depuis le matin avec une section du 9e d'artillerie et couvrait le plateau de Concœur d'un feu vif et précis.

Le commandant Maffre-Lacan, du 32e, avec les réserves et un bataillon de la 2e légion, occupait Chaux, hors de la portée des projectiles ennemis.

Le colonel Poullet avait placé les 4 pièces du capitaine Aubrion à l'extrême gauche, sur la crête du bois de Poinsot, et il avait très habilement relié les troupes de la Bergerie avec celles de Concœur par des soutiens échelonnés. Le commandant Guépy avait été chargé de conduire les opérations de ces tirailleurs et grâce à la ténacité de ce vaillant officier, nos troupes se maintinrent toute la journée dans leurs positions, à cheval sur les deux rives du Muzin, sans faiblir un seul instant. Grâce encore à l'énergie du capitaine Aubrion qui, malgré des pertes énormes — sur 40 artilleurs il en eut 19 hors de combat — et quoique grièvement blessé lui-même, n'en continua pas moins son feu sur Villars-Fontaine, le colonel Poullet avait empêché l'ennemi d'atteindre Nuits par la vallée du Muzin, et définitivement arrêté le mouvement tournant sur lequel Werder comptait pour assurer sa victoire.

Après une lutte de six heures, pendant laquelle il n'avança pas d'une semelle, le général Degenfeld, blessé à la tête, ayant autour de lui 8 officiers tués ou blessés, jugeant le passage infranchissable, fit cesser le feu de ses batteries, abandonna le champ de bataille et ordonna de regagner Dijon.

Cette belle défense du vallon de la Serrée n'empêcha pas malheureusement la ville de Nuits d'être prise comme d'assaut, mais elle permit à Crémer de se dégager.

*Episode du 18 décembre*

M. Meignant défendant la gare.

Quel spectacle dans la ville ! Fenêtres brisées, portes enfoncées, armoires effondrées, linge déchiré, épars ! Les cris, les balles ; hâves, affolés, ceux qui fuient, culottes maculées de sang et de boue, capotes et vareuses trouées..... et puis, au-dessus de tout, les hourrahs de l'ennemi qui passent dans l'air comme un vent d'orage. Plus loin, dans les vignes blanches de givre, aux sarments gelés et noircis, çà et là, des cadavres : ici par tas, ailleurs isolés. Taches noires si ce sont des Prussiens, taches grises et rougeâtres si ce sont des Français. Quelquefois mêlés, gens de Werder et mobilisés du Rhône !

Il faut voir, pour se rendre compte de ce mot « la guerre », ces perspectives sinistres d'un champ de bataille plein de débris, caissons enfoncés, chevaux éventrés, affûts brisés, ces képis déchiquetés, ces pauvres lettres sorties du sac entr'ouvert d'un coup de baïonnette qui commencent toutes de même : « Quel bonheur d'apprendre que tu te portes bien ! » et qui s'en vont maintenant pêle-mêle roulées par le vent dans la neige sanglante !

Un épisode de cette journée montrera à quel degré l'intensité de la lutte était arrivée en pleine ville.

Vers 2 heures de l'après-midi, on apporta à l'hôpital un officier français gravement blessé. On le coucha sur un lit dans une chambre sur la rue de Quincey. La sœur qui prit place à son chevet le jugeant perdu, envoya en toute hâte une servante à la recherche d'un prêtre et d'un médecin. Au dehors, la bataille redoublait. Avec un bruit mat, les balles s'aplatissaient contre les murailles. Un obus entra même dans le mur là, tout près, au coin de la croisée. Le blessé râlait ; celle qui l'assistait impassible, toute à sa prière, ne s'interrompait que pour lui dire : « Du courage, mon ami, du courage ! » L'agonie dura ainsi une grande heure sous le feu de l'ennemi. A la fin, le blessé expira. C'était le colonel Graziani.

La nuit était venue que le canon grondait encore.

Les Prussiens entrèrent en ville. Toute la soirée, ils massacrèrent francs-tireurs, mobiles et soldats qui leur tombèrent entre les mains. Ils firent également de nombreux prisonniers.

Nos batteries de la montagne protégèrent la retraite de nos troupes sur le plateau de Chaux.

L'ennemi ne se sentit pas la force de les y poursuivre.

« Ce n'est pas la Côte-d'Or, ce pays, c'est la Côte de Fer ! »

s'écria Werder quand on vint lire le rapport de la journée et lui annoncer que 97 de ses meilleurs officiers étaient tués ou blessés.

Quant à Crémer, après avoir concentré toute sa division sur la montagne, il eut un instant l'idée de recommencer le combat ; mais les troupes étaient harrassées, elles avaient éprouvé de grandes pertes et il est peu probable que les officiers eussent obtenu d'elles cet effort désespéré. On pouvait encore, avec toute l'artillerie réunie sur la crête, bombarder Nuits et y écraser les Badois. Mais n'eût-ce pas été un acte de barbarie contre une ville française dont les habitants déjà tant éprouvés par la guerre s'étaient eux aussi conduits patriotiquement pendant l'action. N'eût-ce pas été enfin exposer tout à la fois nos blessés, nos prisonniers et la ville entière à des représailles terribles.

Il faut dire encore que Crémer n'avait pas de munitions de réserve. Malgré ses demandes pressantes, le Gouvernement s'était vu dans l'impossibilité de lui en fournir, et quant à celles distribuées aux troupes, elles étaient venues à manquer dans certains corps dès 4 heures de l'après-midi. D'autres, conservées avec soin pour la dernière phase de la lutte en arrière de la ligne de combat n'avaient pu être sauvées au moment de la retraite et se trouvaient aux mains de l'ennemi sans avoir servi.

Le manque de munitions après toute une journée de combat est un résultat presque inévitable quand on a affaire à de jeunes troupes, obéissant mal au commandement, trop promptes à s'émouvoir et s'imaginant trop facilement que leur sécurité dépend de la rapidité désordonnée du tir plutôt que d'une méthodique lenteur et d'une précision étudiée.

Le plateau de Chaux n'offrant aucune ressource, et le plus héroïque courage ne pouvant remplacer ni les vivres ni les munitions, Crémer dut se décider à se mettre hors d'atteinte de Werder dont il redoutait une attaque pendant la nuit. Cette reprise de l'offensive de la part du général prussien était d'autant plus à craindre qu'on ne savait quelle direction Degenfeld avait prise et qu'une nouvelle donnée pour certaine le signalait du côté de Bligny, c'est-à-dire manœuvrant pour nous couper la retraite.

En conséquence, le général Crémer donna l'ordre de gagner Beaune par Magny et Ladouée.

*57e de marche*

Croquis d'après nature (1870).

Précédemment, le mouvement du gros des troupes sur le plateau par le chemin de Nuits à Chaux, s'était effectué sans difficulté avec le bataillon de la Gironde à l'arrière-garde.

Le 57e et l'artillerie du capitaine Pitrat avaient pris directement la route de Beaune.

Le reste de la division se retira sur Beaune à 10 heures du soir.

De son côté, le général Werder craignant d'être attaqué de nouveau le lendemain et sentant son infanterie impuissante à gravir les hauteurs d'où notre artillerie pouvait l'anéantir, commença, dès 6 heures du matin, à battre en retraite sur Dijon.

Nous avions 1,700 hommes hors de combat, dont 2 colonels tués, 5 chefs de bataillon et 60 officiers blessés.

Les pertes des Badois étaient à peu près égales aux nôtres.

Ainsi, 8,000 hommes de troupes peu solides avec 18 pièces d'artillerie avaient tenu tête toute une journée à 18,000 Allemands rompus à la guerre et soutenus par 36 canons.

Ce combat, très meurtrier eu égard à l'effectif engagé de part et d'autre, n'en était pas moins glorieux pour nos armes et, au milieu des désastres de l'année terrible, nous avions presque le droit de le considérer comme une victoire.

---

# CHAPITRE VII

## CHAPITRE VII

### NUITS APRÈS LA BATAILLE

La ville de Nuits avait beaucoup souffert pendant la bataille. Les rues de Beaune, de Quincey, de Dijon étaient criblées de balles et d'obus.

Sur la place du marché, l'épicier Heuyer avait été pillé malgré sa courageuse résistance, et des balles prussiennes étaient allées blesser son père dans l'arrière-boutique.

Deux habitants furent tués à leur fenêtre. Un autre fut blessé.

L'Hôtel de ville fut envahi et souillé. D'autres maisons eurent le même sort (1).

Dans la soirée, Werder fit enlever 12 otages choisis parmi les notables nuitons. Ils furent emmenés à pied à Dijon et enfermés toute une nuit dans l'église Saint-Michel, en attendant qu'on eût décidé de leur sort ; mais, en considération de l'humanité avec laquelle les habitants de Nuits traitaient les Prussiens blessés, la dureté du général en chef fut désarmée et les otages, mis en liberté, purent regagner leurs foyers, sains et saufs (2).

Voici leurs noms :

MM. André Argot, Coirier, Joseph Faiveley, Adolphe Geisweiller, de Grandry, Emile Kress, Paul Labouré, Leuleu, Missercy père, Rossigneux, Prosper Stadelloffer.

---

(1) Voir le *Supplément*, page 113.

(2) Voir le *Supplément*, page 109.

Nous devons renoncer à décrire le dévouement dont firent preuve les habitants, du plus pauvre au plus riche, au chevet des blessés.

Pendant le combat, les sœurs hospitalières, avec une fermeté vraiment héroïque, tandis que les obus tombaient à leurs pieds, s'en allaient prodiguant leurs soins aux mourants. Elles reçurent indistinctement les blessés de l'armée française et ceux de l'ennemi. Les salles de l'hôpital, les préaux, les cours, les serres du jardin, tout était rempli de ces malheureux. On marchait parfois dans des flaques de sang et pendant toute cette journée du 18 décembre, on ne cessa d'entasser les morts et les mourants. Prêtres, médecins, brancardiers, citoyens devenus infirmiers, rivalisèrent de zèle. Parmi les plus intrépides, on remarquait une femme, une servante, Marguerite Lhuilier.

Les Prussiens qui avaient fini par se rendre maitres de l'hôpital, après la retraite de Crémer, s'étaient emparés des vivres et des médicaments. Malgré le dénuement dans lequel se trouva l'établissement par suite de ce pillage, on y réussit cependant à sauver un grand nombre de soldats grièvement atteints. Le docteur Guitton, avec un empressement digne des plus grands éloges, leur prodiguait ses soins. L'abbé Nageotte réconfortait les mourants d'un mot amical.

C'étaient des Lyonnais, des Bordelais, ceux enfin qui avaient soutenu tout le poids de la lutte. Leur plus grand souci, en expirant, était de savoir si les Prussiens étaient battus. On leur répondait invariablement que oui et, avec cela, ils partaient plus calmes, quelques-uns sans regrets, le sourire aux lèvres.

Ces scènes se renouvelaient pour ainsi dire dans chaque maison, car on peut dire que toutes les familles de Nuits eurent leur ambulance, petite ou grande. Les principales furent celles des Marey-Monge, des Marey-Félix, des Liger-Belair, des Mayol de Lupé qui mirent leurs magnifiques habitations, leurs fortunes et leurs soins personnels au service de notre armée.

L'ambulance de Lupé fut confiée par ordre du maire aux sœurs hospitalières.

L'ambulance Marey-Félix fut organisée par les sœurs de charité et de Saint-Vincent-de-Paul.

D'autres, par les frères. Là, se réunirent les dames de la ville et un grand nombre d'autres habitants, hommes et femmes, pour soigner les blessés.

*Nuits*



Vue prise des Trous-Légers (Montagne de Chaux)

L'abbé Garnier, curé de Nuits, se distinguait entre tous par son dévouement.

On doit aussi conserver le souvenir du docteur Lenoir, de M. Roche et du docteur Quillardet dont les soins sauvèrent un grand nombre de vies.

M. Henri de Bahèzre, qui fut maire de Nuits du 4 septembre à l'armistice — et qui l'est encore aujourd'hui — fit noblement son devoir de citoyen et de magistrat par une excellente administration, par une dignité et une fermeté devant l'ennemi qui ne faiblirent jamais.

Les divergences d'opinions, les luttes de partis, d'ordinaire si vives à Nuits, avaient fait place à un admirable, à un unanime élan de charité et de patriotisme.

Ajoutons encore que le chef de gare, M. Meignant, fut nommé officier de la Légion d'honneur pour faits de guerre et que les sœurs hospitalières de Nuits furent décorées par le gouvernement de la République de la médaille militaire et de la croix de la Légion d'honneur pour services exceptionnels rendus l'armée française au cours de la campagne de 1870-71.

---

# CHAPITRE VIII

# CHAPITRE VIII.

## LA DIVISION CRÉMER APRÈS LA BATAILLE DU 18 DÉCEMBRE.

La bataille de Nuits eut un contre-coup très regrettable à Lyon. Des désordres eurent lieu et une révolution fut sur le point d'éclater lorsque certains agitateurs y annoncèrent que les légions du Rhône avaient été trahies et massacrées (1).

D'autres personnes de meilleure foi, mais impatientes de juger, ont critiqué avec passion les dispositions prises pour cette bataille.

On a dit que notre front était trop étendu, nos forces trop éparpillées.

Cette critique ne tient pas devant l'examen du terrain.

Accepter le combat en avant de Nuits, c'était laisser le vallon de Meuilley sur nos derrières et nous exposer à être coupés de nos lignes de retraite.

Concentrer nos troupes sur le plateau de Chaux et les échelonner seulement sur la crête de la montagne, c'était sans doute les mettre à peu près à l'abri des atteintes de l'ennemi ; mais, c'était livrer Nuits à une subversion totale. C'était une trahison. C'était aussi abandonner la route de Beaune et le chemin de fer de Lyon.

Il fallait donc de toute nécessité combattre à la fois les trois colonnes ennemies : barrer le vallon de la Serrée à Degenfeld, empêcher Glümer d'entrer à Nuits par la route de Dijon et Werder d'y arriver par le chemin d'Agencourt. C'est ce qui fut tenté : à l'ouest, avec entière réussite ; à l'est et au nord,

---

(1) Voir le *Supplément*, page 107.

avec un succès longtemps prolongé et qui ne tourna en échec que tard dans la soirée et par une série de circonstances indépendantes du commandant en chef.

D'autres ont reproché à Crémer de n'avoir pas fait donner par la route de Beaune, entre Premeaux et Quincey, les deux bataillons que le colonel Poullet tenait en réserve dans le village.

Cette réserve ne pouvait pas être distraite du point qu'elle avait à observer, la vallée de l'Ouche dont on n'avait pas de nouvelles et d'où l'on craignait une attaque imprévue. Dégarnir cette forte position, c'eût été la donner à Degenfeld. Sans doute, cette réserve n'eut pas à intervenir contre Villars-Fontaine grâce à l'excellente artillerie du capitaine Aubrion et aux tirailleurs du commandant Guépy ; mais, pendant toute la durée du combat, il fut impossible de prévoir qu'elle n'aurait rien à faire de ce côté.

On a dit aussi, ce qui est vrai, que dès 4 heures de l'après-midi les munitions vinrent à manquer sur une partie de notre ligne et qu'elles ne furent pas renouvelées, bien que des caissons de cartouches se trouvassent dans la ville.

Ces caissons étaient à 500 mètres des dernières maisons, du côté de Premeaux ; mais ils furent bientôt sous le feu de l'ennemi. Enfin, ces munitions eussent été d'un faible secours quand bien même elles eussent pu être amenées ; car, il ne faut pas l'oublier, les armes étaient loin d'avoir toutes le même calibre. Le bataillon de la Gironde et la 2me légion du Rhône, par exemple, bien qu'armés tous deux du fusil Remington, ne pouvaient cependant faire aucun échange de cartouches, leurs Remingtons étant les uns de fabrique espagnole et les autres de fabrique américaine, c'est-à-dire de deux modèles différant à la fois par le calibre du canon et par la longueur de la chambre. Ajoutons que les chasseurs du Rhône avaient la carabine Spencer; d'autres francs-tireurs, l'ancienne carabine se chargeant par la bouche ; le régiment de marche, le chassepot, et l'on comprendra les difficultés qui se présentaient à chaque instant dans les distributions de munitions et, à plus forte raison, dans leur renouvellement en plein combat.

Crémer, homme d'humeur inégale, passant d'une rigueur extrême à un relâchement blâmable, téméraire à l'excès ou défiant sans raison, prétentieux et discoureur jusqu'à discuter ses plans de campagne en plein café, Crémer avait assez de

*Nolay*

Vue prise de la rue des Vaches.

défauts réels, pour la plupart inhérents à son tempérament, à son âge et à sa situation, sans qu'il soit besoin de lui en attribuer d'imaginaires.

Ce n'est pas, croyons-nous, du côté de sa stratégie qu'il faut chercher le motif des récriminations violentes dont il a été l'objet, vivant ou mort, car pour ceux qui plaident les circonstances atténuantes en faveur de Bazaine, Crémer avait commis non pas la faute plus ou moins lourde de prendre tel ou tel ordre de combat, mais la faute impardonnable de s'échapper de Metz, d'offrir son épée à la Défense nationale, de se dire ouvertement l'ami de Gambetta et de se déclarer hautement républicain.

Son ennemi, Werder, plus juste que certains de nos compatriotes, disait dans son rapport au Grand Etat-Major allemand que « les troupes françaises, *bien placées* et *bien commandées*, « lui avaient opposé une résistance sérieuse », et sir Hamilton, officier anglais, qui suivait les opérations de guerre pour le compte du Gouvernement de la Grande-Bretagne, aux côtés de Guillaume de Bade, disait au maire de Gevrey, sur la fin de décembre, en parlant de Crémer : — « Ce jeune général est « bien fort, il nous a donné une rude leçon ! »

Nous n'avons pas à faire l'apologie de Crémer, elle n'est pas à entreprendre ; mais cela devait être dit, nous semble-t-il, par respect pour la vérité.

Maintenant, revenons à Beaune, où nous avons suivi la retraite de notre armée, dans la nuit du 18 au 19 décembre.

Des troupes de Garibaldi venaient d'y arriver.

Envoyées d'Autun par le chemin de fer, mais avec une lenteur désespérante, elles n'avaient atteint que fort tard Chagny et Beaune, après avoir stationné sans nécessité à Saint-Léger-Sully, à Epinac, et plus longuement et plus inutilement encore à Nolay. Si, embarquées à Autun dès le matin, aussitôt que la nouvelle de la bataille qui se livrait à Nuits y fut parvenue, elles ne s'étaient pas arrêtées à Nolay, elles eussent fort bien pu arriver sur le champ de bataille entre midi et quatre heures du soir, c'est-à-dire bien assez à temps et dans de bonnes conditions pour changer la face des choses.

Cette concentration de troupes à Beaune eut cependant pour effet d'inspirer quelque prudence à Werder. Un de ses détachements, envoyé sur Gray, ayant eu affaire à un fort parti de francs-tireurs du côté de Pesmes, le 17, il était bon pour lui de surveiller la Haute-Saône. Enfin, quoi qu'il en soit des raisons qui le guidèrent, il resta à Dijon et n'entreprit rien au-delà de Nuits.

Crémer reforma rapidement sa division à Beaune, c'est-à-dire à 16 kilomètres seulement du champ de bataille. Il y reçut les 83e et 86e de marche en remplacement des légions du Rhône qui rentrèrent à Lyon, et 2 batteries de montagne.

C'est avec sa division ainsi modifiée et renforcée qu'il fit la campagne de l'Est sous les ordres du général Billot qui venait d'organiser le 18e corps entre Nolay et Chagny.

On sait que Crémer, après avoir soutenu de brillants combats avec le général Billot, à l'aile droite de Bourbaki, à Chénebier les 15, 16 et 17 janvier, à Villers-la-Ville le 20, à Dannemarie le 23, et à Frasnes le 29, réussit par une série de manœuvres habiles, à échapper aux armées de Manteuffel, ne passa pas en Suisse et gagna Bourg avec la plus grande partie de ses troupes par Mouth, Morez, Gex, au prix d'efforts inouïs et à travers les gorges du Jura obstruées de neige.

Peu après, il reçut l'ordre de reformer le 24e corps à Chambéry pour couvrir Lyon dans le cas où l'Assemblée de Bordeaux dénonçant l'armistice ordonnerait la continuation des hostilités.

Pendant la Commune, se trouvant à Paris pour affaires de service, Crémer protégea Chanzy et fut assez heureux pour l'arracher des mains des bataillons fédérés.

A la paix, la Commission de la revision des grades le nomma colonel. Révolutionnairement passé du grade de capitaine à celui de général commandant en chef, Crémer ne pouvait pas prétendre à une situation plus élevée dans la hiérarchie militaire.

---

Nous n'avons eu pour but que la recherche de la vérité. Peut-être ne l'avons-nous pas toujours rencontrée ; mais nous avons du moins la conscience d'avoir fait tous nos efforts pour nous en rapprocher autant que possible.

Enfin, quelques personnes s'étonneront peut-être de voir réunis dans cette étude des hommes et des idées que d'autres séparent avec soin : les francs-tireurs à côté des sœurs de charité, M. de Carayon-Latour à côté du colonel Poullet, le général Crémer à côté de l'abbé Garnier.....

On s'en étonnera plus encore, nous le savons, dans la ville même qui fut témoin des événements que nous avons racontés, à Nuits, où l'esprit de parti aveugle tant de braves et honnêtes gens.

A ceux-là nous dirons — et ce sera en même temps notre conclusion — : Rappelez-vous qu'au jour du danger Gambetta n'hésita pas à faire de Charette et de Cathelineau des généraux de la République et que les zouaves du pape combattirent sous le drapeau tricolore à côté de Chanzy, de Billot et de tant d'autres qui, dans la défaite, ne désespérèrent jamais de la victoire ; rappelez-vous enfin qu'il est une belle devise inscrite en tête des statuts d'une *Ligue* et qui devrait être le cri de ralliement de tous les Français :

« Républicains, bonapartistes, légitimistes, orléanistes, ce « ne sont là chez nous que des prénoms, c'est *Patriote* qui est « le nom de famille ! »

# SUPPLÉMENT

CONTENANT DE NOMBREUX

# DOCUMENTS COMPLÉMENTAIRES

## *La Division Crémer et l'Armée des Vosges.*

L'histoire de l'armée de Crémer est tellement liée à celle de l'armée des Vosges qu'il nous a paru utile de placer ici ce que nous en dit M. Camille Farcy qui fut, pendant la campagne de 1870-71, l'un des officiers de Garibaldi, et, par conséquent, bien placé pour voir juste et juger sainement. Nous avons appuyé ses appréciations sur celles de notre historien national, Henri Martin, dont le nom seul est une garantie absolue. (1)

Ch. R.

---

(1) Les parties du récit qui appartiennent à Henri Martin sont précédées du signe « ...... »

## *Note sur Crémer et Garibaldi.*

Un médecin d'Avignon, nous dit M. Camille Farcy, homme remuant, audacieux, à l'imagination méridionale et connu pour ses opinions avancées, M. Bordonne, avait pris sur lui d'aller à Caprera chercher Garibaldi, sous les ordres duquel il avait autrefois servi. Le vieux général avait débarqué le 7 octobre à Marseille et était arrivé à Tours le 9, jour même où Gambetta y prenait possession du pouvoir.

L'accueil qui fut fait au général ne satisfit ni lui ni son entourage. Accusé d'avoir pactisé avec le solitaire de Caprera, le gouvernement de Tours pourrait répondre qu'il est fort innocent de la venue de Garibaldi en France, qu'il n'a mis entre ses mains que des moyens d'action sans importance et lui a fait, en somme, jouer un rôle secondaire. Garibaldi reçut le commandement des corps francs de la zône des Vosges et d'une brigade de mobiles. Il partit de Tours après avoir fait régulariser la situation des fidèles qui l'entouraient. C'étaient Bordonne, colonel d'état-major auxiliaire, aide de camp de Garibaldi, le secrétaire du général, Basso, et l'ancien moine Pantaleo, devenus, l'un chef d'escadron, l'autre capitaine, le fils de Bordonne créé lieutenant, un jeune avignonais, M. Denis Foule, fut nommé capitaine, et Frappoli, grand maitre de la franc-maçonnerie italienne, vieux soldat énergique, eut le grade de colonel. M. de Baillache, ancien négociant à Mulhouse, devint d'abord lieutenant de l'armée des Vosges. Plus tard cet état-major se grossit de nombreux officiers des anciennes armées garibaldiennes, et de quelques hommes spéciaux, d'un mérite incontesté, parmi lesquels on peut citer MM. Gauckler, ingénieur en chef strasbourgeois, Loir, inspecteur des lignes télégraphiques, et le sculpteur Bartoldi. Des jeunes gens attirés par la renommée de Garibaldi et curieux de guerres d'embuscades, s'étaient donné rendez-vous à l'armée des Vosges. M. Ordinaire, député du Rhône, lieutenant auxiliaire, s'est souvent fait remarquer au milieu d'eux par son courage et son entrain.

C'est à Dôle que Garibaldi avait d'abord établi son quartier général. Il s'y était occupé de réunir les tronçons de sa petite armée, avait appelé ses fils Menotti et Riciotti, son gendre Canzio et Bossak-Hauké, l'ancien chef des bandes polonaises en 1863, qui devait trouver la mort à Dijon. On forma successivement une première brigade, sous le commandement de Bossak, avec un bataillon de mobiles des Alpes-Maritimes, les francs-tireurs de l'Egalité, les volontaires du Rhône et les éclaireurs du Rhône ; une 3e brigade (la 2e devant arriver toute prête de Marseille) sous le commandement de Menotti et composée d'un autre bataillon des Alpes-Maritimes, d'un bataillon des Basses-Alpes, des francs-tireurs de Colmar et d'Algérie. Au début, cela ne faisait pas 4,000 hommes. Les seuls Italiens arrivés étaient 100 Génois, beaux et braves soldats.

Garibaldi se borna donc, en attendant que ses corps prissent consistance, à observer la ligne de l'Ognon ; mais il ne disposait pas de forces assez considérables pour mettre obstacle à la marche de Werder sur Dijon qui fut pris après une résistance énergique, le 30 octobre. Sur ces entrefaites, l'armée des Vosges recevait deux nouveaux bataillons formés d'Italiens et commandés par des officiers énergiques. Le 1er novembre, les généraux prussiens de Beyer et Guillaume de Bade occupaient Dijon; le 8, Treskow et la 1re division de réserve occupaient Montbéliard.

Devant ce mouvement, Garibaldi, menacé d'être enveloppé, s'était vivement replié à l'ouest et était venu s'établir à Autun pour protéger la route de Lyon désormais libre. Il avait reçu des renforts, avait installé des corps volants à Arnay-le-Duc, Sombernon, Epinac, Nolay et Bligny.

C'est à ce moment que le gouvernement rassemblait, pour garder la vallée de la Saône, à Chagny, la division du général Crévisier qui bientôt après fut placée sous les ordres du général Crémer, jeune capitaine d'état-major échappé de Metz.

Sur la fin de novembre, la petite armée garibaldienne s'était peu à peu grossie de nouveaux contingents. Son effectif s'élevait à 15 ou 16,000 hommes, répartis en quatre brigades sous les ordres de Bossak, Delpech, ancien préfet des Bouches-du-Rhône, Menotti et Riciotti Garibaldi. Les troupes régulières étaient 6,000 mobiles des Basses-Alpes, des Alpes-Maritimes, des Basses-Pyrénées et de l'Aveyron, avec un escadron du 7e chasseurs, 3,000 Italiens environ étaient répartis dans les 3e et 4e brigades. Le reste était formé de bandes de francs-tireurs venus de toutes les parties de la France et même de l'étranger : la légion espagnole, les chasseurs égyptiens, les éclaireurs et les francs-tireurs du Rhône, les guérillas d'Orient et marseillais, les francs-tireurs du Midi, de Savoie, de Dôle, de l'Isère, du Doubs, les compagnies d'Oran, de Vaucluse, etc.

Garibaldi avait rencontré dans l'organisation de son corps des difficultés dont il faut tenir compte. (Elles furent même le principal, sinon l'unique motif du manque d'union entre Crémer et Garibaldi.)

L'armée des Vosges avait été plusieurs fois sur le point de se fondre ou de se désorganiser, à la suite de dissensions intestines fomentées par quelques Italiens très propres à l'intrigue et qui naturellement se jalousaient entre eux.

Les officiers attachés au quartier général de Garibaldi étaient divisés en deux camps, l'un favorable, l'autre hostile au chef d'état-major Bordonne, et si les compatriotes de Machiavel étaient réellement braves sur le champ de bataille, ils déployaient dans ces complots de *camarilla*, une diplomatie et une astuce dignes d'une meilleure cause.

Il en résultait des tiraillements fréquents, des menaces de démission en masse, des demandes de délimitations d'attributions, des querelles dont le délégué du ministère de la guerre était contraint de se mêler.

On comprendra que les opérations en souffraient, mais il était difficile qu'il en fût autrement. L'armée des Vosges formée de pièces et de morceaux ne présentait aucun élément de cohésion et contenait au contraire en germe des ferments de dissolution. En effet, quelques chefs de corps-francs, envoyés à l'armée des Vosges, s'étaient refusés à servir sous les ordres de Garibaldi, et mettant en avant leurs scrupules politiques ou religieux, s'étaient soustraits aussitôt qu'ils l'avaient pu à l'autorité du général italien.

D'autre part, Garibaldi avait pris avec fermeté le parti de Bordonne, son chef d'état-major, contre Frappoli, chef d'état-major désigné d'abord par le gouvernement et qui ne réussit jamais à entrer en fonctions, contre les officiers de son quartier général, enfin, dans une circonstance décisive, contre son fils Menotti et son gendre Canzio.

Frappoli avait tenté plusieurs fois de s'emparer du poste auquel il croyait avoir droit et, de guerre lasse, s'était résolu à devenir le chef des garibaldiens dissidents.

Ce vieil Italien jouissait d'une grande popularité parmi ses compatriotes. Il était, je l'ai déjà dit, le grand maitre d'une des sectes de la franc-maçonnerie péninsulaire. Il demanda et obtint du gouvernement de convertir son titre inutile de colonel chef d'état-major en celui de général auxiliaire et vint s'établir à Lyon avec les pouvoirs nécessaires pour enrôler des volontaires italiens dans un corps dit de l'*Etoile* dont il devait prendre le commandement.

Ce schisme eut pour effet de tarir l'une des sources de recrutement de l'armée des Vosges. La plupart des Italiens qui arrivaient en France prendre du service passaient par Lyon, où ils étaient sollicités ou circonvenus par leurs compatriotes et s'enrolaient dans le corps de l'*Etoile* que rejoignaient également les nombreux mécontents et les bannis de l'armée garibaldienne. Ce corps de l'*Etoile* ne concourut pas aux opérations militaires. Il ne quitta jamais Lyon et fut licencié quelques jours après la signature de la paix, avant d'avoir pris forme et consistance.

Garibaldi n'en déployait pas moins une grande activité, étudiait son terrain, interrogeait les voyageurs, groupait des renseignements, transmettait à ses colonnes volantes des ordres précis, surprenait à plus de dix lieues de ses cantonnements les détachements d'étapes et les convois de réquisition des Allemands, sans être jamais surpris par eux. Très souffrant, presque paralysé des membres inférieurs, il ne pouvait faire que de rares reconnaissances en voiture et ne montait à cheval que dans les grandes occasions. Alors il y restait douze heures par un prodige de volonté.

Quant au chef d'état-major Bordonne, il donnait cours à sa trop exubérante nature en se multipliant pour voir par lui-même et rendre compte à son chef, toujours à cheval, menant les volontaires italiens comme de semblables troupes doivent l'être, *à la baguette*, gourmandant sans cesse les uns et les autres, se faisant surtout beaucoup d'ennemis par ses libres allures et le franc parler d'un homme qui ne sait pas cacher ses impressions.

S'il s'était absolument borné à remplir ce rôle, personne n'aurait fait attention à lui et la renommée aurait estimé ses services à leur valeur, mais il a voulu briser tout ce qui résistait, devenir le *parangon* de la vertu de l'armée des Vosges et reculer les bornes de son autorité et de son rôle. Il s'est engagé dans une lutte dont il n'est jamais sorti. De là ces appels incessants au gouvernement de la Défense nationale, ces dépêches lancées dans toutes les directions à propos de tout et souvent à propos de rien, ces combats à coups de brochures et à coups d'épée contre ceux qui ont résisté à ses ordres ou méconnu son pouvoir.

Malgré ces tiraillements, Garibaldi avait fini par donner quelque solidité à ses troupes. Peu de jours après son arrivée à Autun, il avait lancé des corps volants dans toutes les directions, notamment au nord-est d'Autun, dans la direction de Semur et de Montbard, vers la route d'étapes de la deuxième armée allemande.

Le 19 novembre, pour donner le change à l'ennemi, il avait lancé 400 hommes avec Riciotti, au loin sur la route de Paris. Cette petite troupe atteignit Châtillon-sur-Seine, y surprit, détruisit et enleva un détachement prussien de la II^e^ armée, fort de 800 hommes, fit prisonniers 11 officiers et 200 hommes et captura 82 chevaux qui servirent immédiatement à grossir la cavalerie garibaldienne.

Le commandant Ordinaire, dans la nuit du 24 au 25, surprenait également un détachement allemand de 300 hommes et se repliait avec quelques prisonniers après avoir fait subir à l'ennemi de fortes pertes.

Werder reportait alors son attention sur sa droite et s'éclairait assez loin sur la route de Troyes.

Pendant ce temps, Garibaldi marchait sur Dijon, chassait les Prussiens de Prenois, Darois, Talant et atteignait de nuit la ville avec une vigueur extrême. Mais Dijon était occupé par tout un corps d'armée, les mobiles étaient hésitants, la situation était dangereuse, Garibaldi dut battre en retraite. Keller le poursuivit jusqu'à Autun mais il dut se retirer devant la résistance de cette ville ouverte admirablement défendue par l'artillerie du commandant de marine Ollivier, après un combat de quatre heures (1^er^ décembre).

Le 3 décembre, Keller qui s'était replié après sa tentative infructueuse sur Autun, éprouvait un second échec à Châteauneuf et se dégageait avec peine des mains de Crémer qui venait de tenter de lui couper la retraite.

Telle fut la première phase des opérations de l'armée des Vosges dans la Côte-d'Or et dans le Morvan. Pendant cette période qui va du mois de novembre 1870 au mois de janvier 1871, elle garda avec Crémer les routes de Lyon et du Creusot, fatigua l'ennemi par les attaques multipliées de ses corps volants, poussa les Allemands jusqu'à Dijon, recula devant eux sans se laisser entamer, fit tête à Keller sous Autun, le battit, enleva des hommes et des convois à Werder et à Zastow, se montrant dans toutes les directions, trompant l'ennemi et le forçant à se disséminer vers Saulieu, Semur, Château-Chinon, Pouilly-en-Montagne, Chanceaux, Lormes, Courson, Coulanges-sur-Yonne, Vermanton, Cussy, Rouvray, Précy-sous-Thil, Nuits-sous-Ravière, Noyer et Montbard.

« Nous n'avions pas réussi à chasser l'ennemi du nord de la Bourgogne,
« mais nous nous maintenions avec avantage dans le midi de cette province.
« Nous défendions également le Nivernais et le massif du Morvan où la nature
« des lieux favorisait nos corps francs. »

Un peu plus tard, quand Werder eut quitté Dijon pour renforcer les assiégeants de Belfort contre les entreprises de l'armée de l'Est et que Manteuffel, rappelé du Nord, eut été envoyé à marches forcées avec le 2^e^ corps détaché du siège de Paris et le 7^e^, pour barrer la route à Bourbaki, il n'y avait pour arrê-

PARIS
Avallon
Montréal
Guillon
Epoisse
SEMUR
l'Armançon R.
les Laumes
Maison-Dieu
Chemin de fer d'Avallon à Autun
le Serein R.
Chemin de fer de Cravant
Rouvray
Précy-sous-Thil
Canal de Bourgogne
La Brenne
Y O N N E
Montagnes du Morvan
Saulieu
Pouilly
N I È V R E
Liernais
Arnay-le-Duc
l'Arroux
Nord
Ouest
Est
Sud
Menessaire
la Canche R.
La Drée R.
Dracy
Epinac
Arroux R.
AUTUN
Tunnel de Changey
Echelle de 1/510,000ème
0 5 10 15 20 Kilomètres
Etang
Nevers
S A Ô N E
Le Creuzot

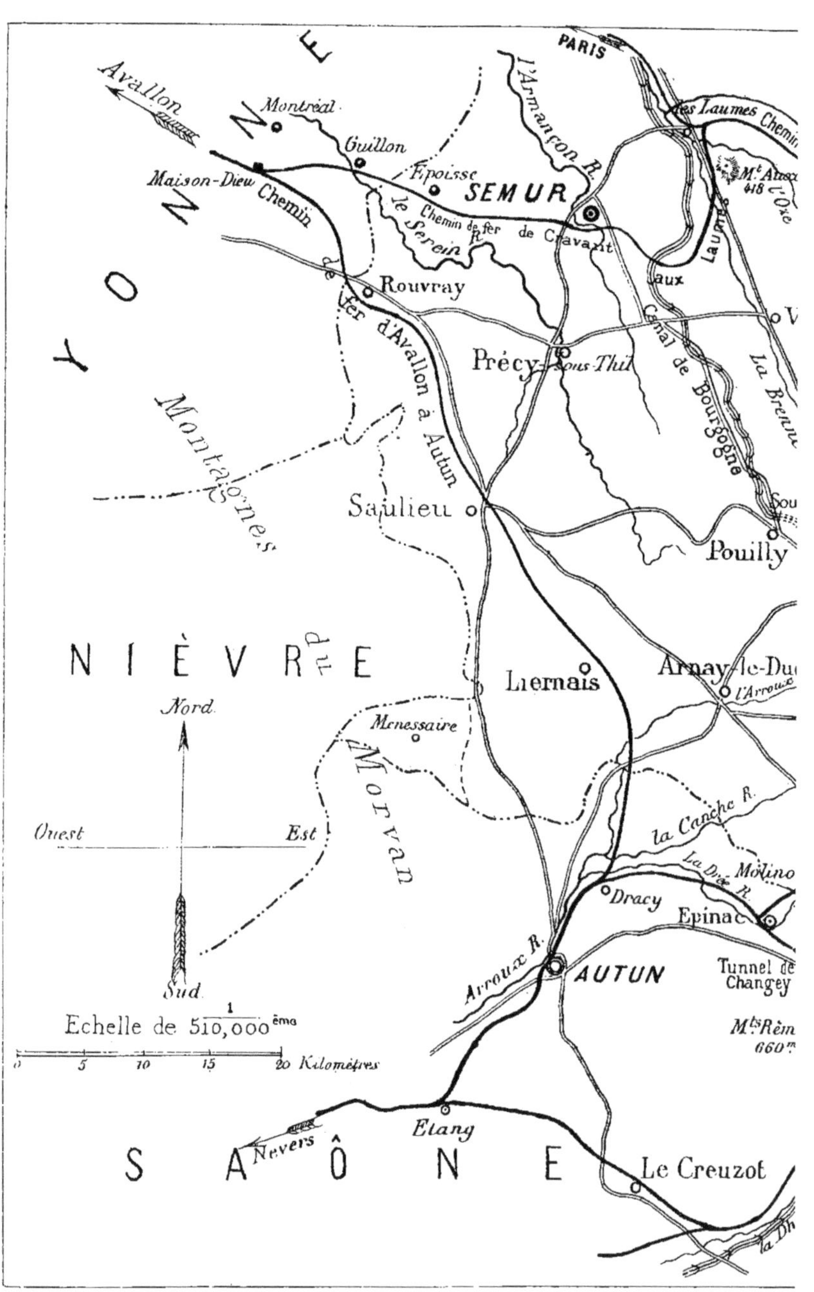

*Ca*

Au 1/510,0

Chemin de fer de Châtillon à Is-sur-Tille
Is-sur-Tille
l'Ignon R.
la Tille R.
Langres
Langres
Plateau de Langres
St Seine-l'Abbaye
Chemin de fer de Langres
HAUTE-SAÔNE
Gray
Saône R.
Darois
Pâques
Ahuy
Tunnel de Blaizy
575
Hauteville
Daix
Lantenay
Fontaine
Talant
DIJON
240
la Tille R.
L'Ognon R.
La Motte Giron
Mt Affrique
584
Chenôve
Pont de Pany
Longvic
Genlis
Gevrey
Canal de Bourgogne
Chemin de fer de Paris à Lyon
Saulon
l'Ouche R.
Tart-le-Haut
Auxonne
JURA
Epernay
Pont d'Ouche
Côte-d'Or
Nuits
Auxonne
Montagnes de la Côte-d'Or
Cîteaux
Mont Roland
260
Besançon
Canal du Rhône au Rhin
St Jean-de-Losne
Doubs R.
DOLE
Chemin de fer de Chagny
la Douée
Saône R.
la Vouge R.
Seurre
BEAUNE
Santosse
La Loue R.
176
La Dheune Riv.
Chemin de fer de Dijon à St Amour
Chagny
Verdun
Le Doubs R.
Chemin de fer de Châlon à Dôle
Saône R.
SAÔNE ET LOIRE
CHÂLON-s.-Saône
Lyon
Louhans

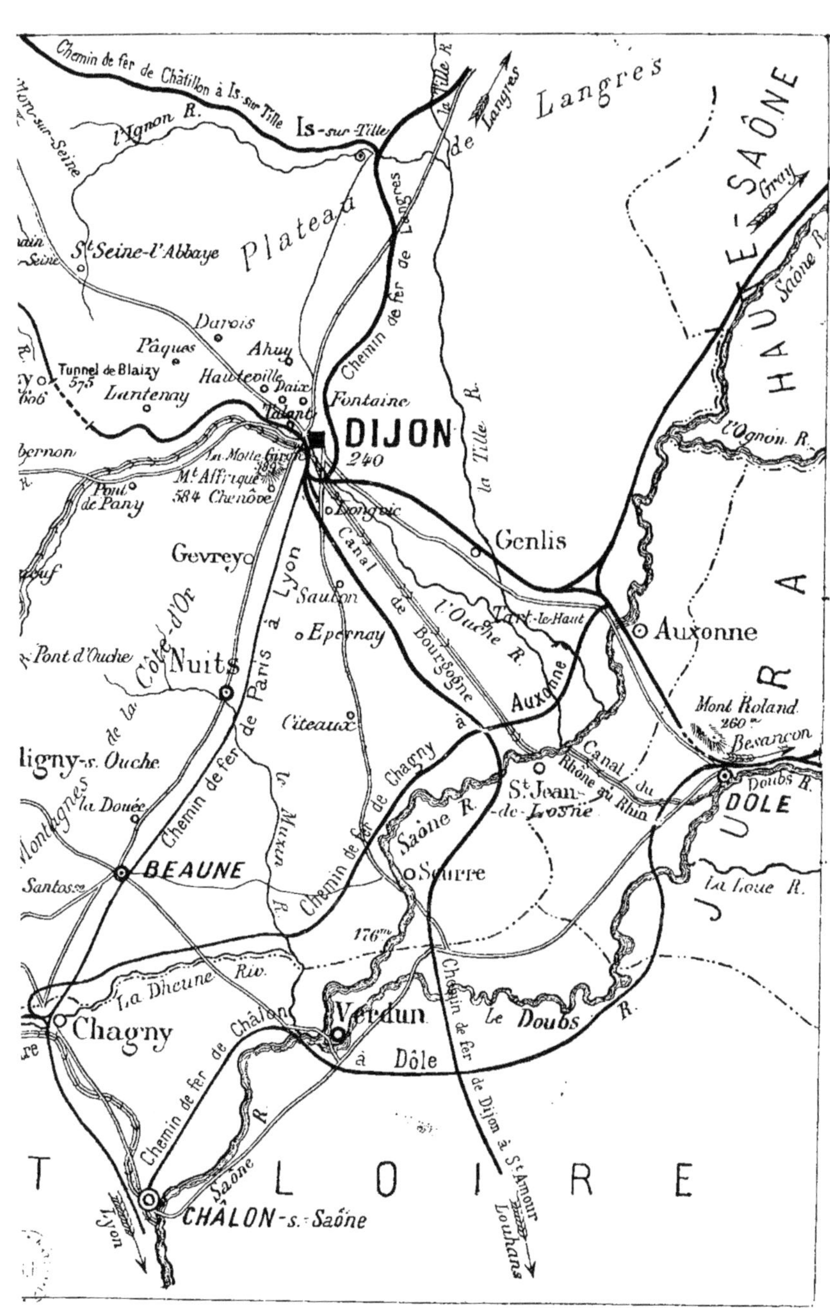

Rémoud.

ter Manteuffel que le petit corps de Garibaldi établi à Dijon et renforcé de gardes nationaux mobilisés, assez nombreux, mais mal équipés et faiblement organisés.

« Garibaldi, en d'autres temps, eut bien su faire quelque chose de ces élé-
« ments si imparfaits qu'ils fussent; mais le vieux chef était fréquemment
« cloué par la maladie sur un lit de douleur, et personne ne le remplaçait.

« Manteuffel traversa sans obstacle sérieux les pays accidentés et boisés qui
« séparent Langres de Dijon, lança sur Dijon 9 à 10,000 hommes sous Kettler
« et marcha avec le reste sur la Saône ; ses troupes franchirent cette rivière
« à Gray et à Pontailler, d'où elles poussèrent sur Dôle...

« Kettler, le 16 janvier, avait bombardé Avallon, défendu par des gardes
« mobiles et pris la ville après un combat de barricades. Le 17, il passait à
« Montbard. Le 19, il était devant Dijon. Les 20, 21 et 22, il essayait d'enle-
« ver cette vil e.

« L'attaque ne réussit pas. Garibaldi qui occupait Dijon, s'était retrouvé
« tout entier devant l'ennemi. Après trois jours de combats où l'on se disputa
« avec acharnement les villages retranchés qui couvraient Dijon du côté nord
« (Talant, Fontaine, Ahuy, Pouilly, etc.), le général Kettler fut repoussé avec
« d'assez grandes pertes. Le drapeau du régiment Roi-Guillaume resta au
« pouvoir des Garibaldiens. C'était le second qui eût été enlevé aux Prussiens
« dans cette guerre ; l'autre avait été pris à Gravelotte.

« Cet échec partiel, très honorable pour ceux qui l'avaient infligé à l'en-
« nemi, n'arrêta pas les opérations menées contre Bourbaki par Manteuffel
« avec autant de décision que de célérité, et secondées non moins vivement
« par Werder. »

Garibaldi s'était laissé tromper par les attaques de Kettler. Son succès était plus profitable au vaincu qui assurait ainsi la marche de la grande armée du Sud, qu'au vainqueur détourné du véritable objectif auquel il aurait dû prétendre, et immobilisé pendant que Manteuffel traversait ce qu'un écrivain allemand a appelé la période critique.....

... Bourbaki, après Héricourt crut à tort que Garibaldi suffirait à le couvrir. Le chef de l'armée des Vosges ne pouvait garder contre deux corps allemands une ligne de retraite à Bourbaki aussi éloignée de Dijon, place que le Gouvernement lui avait enjoint de garder avant tout.

Garibaldi aurait pu, peut-être, s'il avait été éclairé par de la cavalerie, ou si le Gouvernement l'avait tenu au courant des mouvements de l'ennemi, faire beaucoup plus qu'il n'a fait, mais Bourbaki ne saurait lui imputer aucune responsabilité dans les événements qui ont marqué la fin de la campagne.

Du reste, dès que Garibaldi apprit que Bourbaki était menacé, il se porta rapidement à son secours. C'est dans la nuit du 28 au 29 janvier que Garibaldi se mit en mouvement, pour opérer une diversion sur Dôle et la forêt de Chaux, c'est-à-dire au-delà du Doubs, ce qui eût placé l'aile droite de Manteuffel entre deux feux et dégagé sur Lyon la ligne de retraite de l'armée de l'Est.

L'avant-garde occupa le 29 au soir le mont Roland, hauteur qui commande Dôle. Les Prussiens évacuèrent Dôle dans la nuit. Le 30, Garibaldi fut arrêté court par un télégramme du Gouvernement de Bordeaux qui lui annonçait l'armistice et prescrivait la cessation des hostilités. En conséquence, il n'occupa pas Dôle. Les Prussiens renforcés y rentrèrent ; eux, n'arrêtèrent pas leurs opérations. Tandis que Gambetta donnait en frémissant l'ordre d'appliquer l'armistice qui lui était annoncé sans réserve aucune (après la capitulation de Paris, par Jules Favre et Jules Simon), le maréchal de Moltke enjoignait aux généraux allemands de poursuivre leurs opérations *jusqu'au résultat.*

Crémer réussit à gagner Lyon en s'échappant au travers des ennemis par des passes du Jura que toute l'armée eut pu suivre en sûreté après un retour offensif, si l'attaque de Garibaldi sur Dôle et sur la rive gauche du Doubs eut abouti. Le général Pallu de la Barrière s'échappa comme Crémer, avec 50 hommes.

Quant au général Clinchant, qui remplaçait Bourbaki depuis la tentative de suicide de ce dernier, surpris comme Garibaldi par l'annonce de l'armistice pleine et entière, *alors que l'ennemi continuait le feu,* il fut rejeté en Suisse avec 80,000 hommes. La douloureuse campagne de l'Est était terminée. C'était la dernière espérance qui s'évanouissait. La guerre était finie.

CAMILLE FARCY.

---

## *RAPPORT du grand Etat-Major prussien sur la bataille de Nuits du 18 décembre* (1)

..... Au sud de Dijon, l'ennemi (les Français), demeurait dans une complète inaction ; les patrouilles envoyées de ce côté mandaient toutes qu'il n'y avait plus personne dans les localités occupées jusqu'alors. Ne sachant comment interpréter cette surprenante attitude, le général de Werder en venait à se demander si l'adversaire n'avait pas quitté la vallée de la Saône pour gagner vers l'Ouest, en se servant du chemin de fer. Il faisait part de cette supposition au grand quartier général (à Versailles), qui lui répondit, dans la nuit du 15 au 16, en étendant sa mission au soin de couvrir également le réseau ferré situé en arrière, par l'occupation de Nuits-sur-Armançon et de Semur-en-Auxois, tandis que les fractions du VIIe corps (général de Zastrow) qui s'y trouvaient jusqu'alors appuyeraient vers la Loire. Le XIVe corps (général

---

(1) Extrait de *La Guerre Franco-Allemande* de 1870-71, rédigée par la section historique du grand état-major prussien.
Traduction du chef d'escadron E. Costa de Serda, de l'état-major français (2e partie, 15e livraison, pages 694 et suivantes). Berlin. Ernest Siegfried Mittlew fils, librairie de la Cour, 69, Kochstrasse. 1879.

de Werder) devait continuer d'ailleurs, ainsi qu'il avait été prescrit (dépêche de de Moltke — Versailles, 8 décembre, soir, reçue à Dijon le 13 au matin), à tenir le gros de ses forces sous Dijon, prêt à prendre l'offensive.

..... Le 16, le général de Werder, s'inspirant de la situation générale, prescrivait en conséquence à la 4e division de réserve d'envoyer 2 nouveaux bataillons au siège de Belfort et de transporter sur la rive droite de la Saône les lignes d'étapes conduisant sur Dijon, en rapprochant les détachements postés à Combeaufontaine et Champlitte. Le général de Glümer, avec la division badoise, devait faire en sorte, pendant ce temps, de déloger les troupes françaises rassemblées au sud de Dijon.

Dans le principe, ce mouvement offensif devait avoir lieu le 17 décembre; sur la demande du commandant de la division, il était retardé d'un jour, en raison des dispositions à prendre.

Le 18 décembre au matin, la 1re et la 2e brigade d'infanterie badoise chargées du mouvement contre Nuits-sous-Beaune partaient à la fois sur plusieurs colonnes, avec 7 escadrons et 6 batteries; le général de Werder se joignait, avec une partie de son état-major, à la colonne principale qui prenait par Saulon-la-Rue et Epernay.

Les troupes étaient réparties comme suit :

1° *Colonne principale*, en marche par Saulon-la-Rue, sur la route de Longvic, comprenant :

Avant-garde : colonel de Willisen.
Régiment des grenadiers du XIVe corps ;
3e escadron du 1er régiment des dragons du XIVe corps ;
3e batterie légère ;
Une section de pionniers.

2° *Gros :* lieutenant-général son A. R. le Prince Guillaume de Bade.

2e régiment de grenadiers ;
2e bataillon et fusiliers du 3e d'infanterie ;
1er et 5e escadrons du 1er dragons ;
2e, 4e et 5e escadrons du 2e dragons ;
4 batteries d'artillerie divisionnaire ;
3 sections de pionniers.

3° *Colonne latérale de droite :* général-major baron de Degenfeld.

Fraction de gauche (major Unger) en marche par Vougeot :
1er bataillon du 3e infanterie ;
1er peloton du 2e escadron du 1er dragons.
Fraction du centre (lieutenant-colonel Arnold), en marche par Concœur :
1er bataillon du 4e infanterie ;
2e et 3e pelotons du 2e escadron du 1er dragons.
Fraction de droite (sous le commandement direct du général Degenfeld) en marche par Curley sur Villars-Fontaine :
2e bataillon et fusiliers du 4e infanterie ;
4e peloton du 2e escadron du 1er dragons ;
4e batterie légère.

4° *Réserve* (à Dijon) :

3e brigade d'infanterie ;

3e régiment de dragons ;

1re et 2e batteries légères ;

Et la batterie à cheval du corps d'armée.

L'avant-garde de la colonne principale commence par chasser quelques artis d'infanterie française de Saulon-la-Rue ; puis, après une courte escarmouche sur la Vouge, elle arrive devant Boncourt où la résistance devient plus sérieuse. Vers midi et demi cependant, le colonel baron de Wechmar, soutenu par la 3e batterie légère qui a pris position dans une clairière du bois de Souzières, emporte le village d'un premier assaut avec le bataillon des fusiliers du régiment des grenadiers du corps, et en rejette les défenseurs sur La Berchère et sur la tranchée du chemin de fer. Durant ce temps, le 2e bataillon du même régiment avait été dirigé du nord contre cette ferme, et, avec l'aide de deux compagnies de fusiliers débouchant de Boncourt, il forçait les Français à l'abandonner aussi pour se replier sur la tranchée de la voie ferrée. L'ennemi l'occupait fortement en même temps que, du côteau à l'ouest de Nuits, plusieurs batteries entretenaient un feu très nourri contre les troupes allemandes.

Toute l'artillerie de la colonne principale entre alors successivement en action, des deux côtés de la route de Boncourt à Nuits, contre les lignes épaisses de tirailleurs ennemis (légions du Rhône et mobiles de la Gironde principalement) ; mais les deux bataillons du régiment des grenadiers du corps qui ont débouché par La Berchère cherchent *vainement* à se rendre maîtres de la ligne ferrée, dont ils étaient séparés par un espace découvert et complètement dépourvu d'abris.

Plus à gauche, le 1er bataillon des grenadiers, gagnant du terrain par Agencourt après avoir chassé quelques partis ennemis (francs-tireurs du Rhône), demeurait également *impuissant* à enlever les positions particulièrement fortes de la droite française, qui s'étendaient au sud-est de Nuits jusqu'au ruisseau le Meuzin.

En conséquence, vers deux heures, quand le gros est arrivé à hauteur de Boncourt, le général de Glümer envoie les 2 bataillons de mousquetaires du 2e régiment comme renfort aux troupes engagées sur la route de Boncourt à Nuits ; il fait soutenir par le bataillon de fusiliers du même régiment les fractions qui combattent auprès d'Agencourt, et il donne le signal de l'attaque générale.

Bientôt après, les 5e et 6e compagnies du 3e régiment prolongent notre aile droite de la première ligne pendant que 5 escadrons de dragons prennent la direction de Quincey.

L'infanterie, cheminant par bonds successifs, se rapproche peu à peu de la position ennemie, malgré des *pertes très sérieuses.*

Sans parler de plusieurs officiers supérieurs, les lieutenants-généraux de Glümer et Prince Guillaume de Bade étaient blessés dans l'action engagée devant le chemin de fer. Ils étaient remplacés dans leurs commandements, le premier par le général de Werder en personne, le second par le colonel de Renz ; mais, aussitôt, ce dernier tombait à son tour, frappé de trois balles. Le commandant du 1er bataillon du régiment des grenadiers du corps, major, baron de Gemmingen, avait été aussi mortellement blessé.

L'adversaire défend ses positions avec un *acharnement extrême*, continuant son feu jusqu'à *bout portant*, et c'est vers quatre heures seulement, après une *mêlée furieuse*, qu'il se replie en désordre sur Nuits.

Le bataillon de fusiliers du 2e régiment poussant derrière l'ennemi en retraite, se jette sur le quartier sud de la ville; *mais ne parvient pas à vaincre la résistance des défenseurs.*

La 1re batterie lourde se porte alors vivement au dela du chemin de fer et, sans se préoccuper de ses pertes assez sensibles, elle canonne pendant un certain temps, d'une distance de 800 pas environ, les masses ennemies entassées dans Nuits, pendant que la 3e batterie légère prend position sur le chemin de fer, le bataillon de fusiliers du 3e régiment s'étant également porté sur ce point.

Vers cinq heures enfin, *ébranlés par l'action du canon*, les défenseurs cèdent le terrain, après une faible résistance, devant l'attaque des bataillons badois; mais pendant longtemps encore les batteries françaises continuent à tirer du coteau de Chaux.

La fraction de colonne en marche sur la grande route par Vougeot avait rencontré à Gevrey quelques bataillons postés en éclaireurs; elle les avait refoulés sur Vosne à la suite d'une escarmouche sans importance, puis elle était intervenue avec succès dans *l'action très vive engagée sur la voie ferrée.*

Les troupes allemandes qui défendaient Vosne avaient abandonné également le village, en voyant le mouvement rétrograde des troupes françaises qui combattaient à leur droite; la petite colonne qui se trouvait sur la grande route se jetait alors sur Nuits, de concert avec les bataillons qui avaient débouché sur ces entrefaites par Concœur, et à peu près en même temps que ceux venant de La Berchère.

Par contre, les troupes dirigées sur Villars-Fontaine y avait trouvé l'ennemi établi en nombre très supérieur dans une forte position, et, *après d'infructueuses attaques* contre le coteau de Chaux, elles *s'étaient mises en retraite* sur Perrigny sans que la nature boisée du pays leur permît de donner la main à la colonne en marche sur leur gauche.

Les bataillons qui avaient pénétré dans Nuits y passaient la nuit au *bivouac* sur la place du marché (par crainte d'un retour offensif) sous la protection d'un fort réseau d'avant-postes établis dans la direction de Chaux et de Premeaux.

Le reste des troupes s'installait auprès de La Berchère et d'Agencourt.

Cette *journée meurtrière* avait coûté à la division badoise un peu plus de 900 hommes.

1° Etat major de la division :
*Tués :* 1 officier général et 1 cheval ;
*Blessés :* 1 officier général et 1 homme.

2° Etat-major de la 1re brigade d'infanterie :
*Tués :* 1 officier ;
*Blessés :* 1 officier et 1 homme.

3° 1er régiment de grenadiers :
*Tués* : 7 officiers, 80 hommes ;
*Blessés* : 11 officiers, 240 hommes ;
*Disparus* : 5 hommes.

4° 2e régiment de grenadiers (roi de Prusse) :
*Tués* : 7 officiers, 95 hommes ;
*Blessés* : 12 officiers, 242 hommes ;
*Disparus* : 9 hommes.

5° 4e régiment d'infanterie :
*Tués* : 2 officiers, 15 hommes ;
*Blessés* : 4 officiers, 61 hommes.

6° 4e régiment d'infanterie :
*Tués* : 13 hommes ;
*Blessés* : 7 officiers, 60 hommes ;
*Disparu* : 1 homme.

7° 1er régiment de dragons :
*Tués* : 3 hommes, 24 chevaux ;
*Blessés* : 4 hommes ;
*Disparus* : 3 hommes.

8° 3e régiment de dragons (Prince Charles) :
*Blessé* : 1 homme.

9° Artillerie de campagne :
*Tués* : 5 hommes, 30 chevaux ;
*Blessés* : 1 officier, 45 hommes, 27 chevaux.

10° Détachement sanitaire :
*Blessé* : 1 homme.

Total : *Officiers* : 18 tués, 37 blessés.
*Sous-officiers et soldats* : 211 tués, 655 blessés, 18 disparus.
*Chevaux* : 55 tués, 27 blessés.
(Supplément CXIII, page 287 du *Rapport officiel*).

Les pertes des Français s'élevaient *approximativement* à 1,700 hommes dont 650 prisonniers non blessés.

Ce qui porte les tués au nombre de 350 environ, les blessés au nombre de 700 et les prisonniers au nombre de 650.

On trouvait dans la ville de Nuits plusieurs centaines de fusils neufs et une grande quantité de munitions.

L'ennemi avait engagé 10,000 hommes environ de la division Crémer, dont une partie toutefois, venant de Beaune par chemin de fer, n'avait débarqué qu'au cours même du combat.

Le 10 au matin, après s'être assuré que les Français avaient disparu des environs de Nuits, le général de Werder ramenait les troupes badoises sous Dijon, où elles demeuraient jusqu'à nouvel ordre.

**Le grand État-major prussien.**

## *Lyon après la bataille du 18 décembre.*

L'affaire de Nuits eut à Lyon un retentissement terrible. Le bruit se répandit dans la rude et laborieuse cité que les légions lyonnaises avaient été littéralement massacrées dans le combat du 18 décembre. Au club Valentino, à la Croix-Rousse, un orateur affirmait, le lendemain, que les mobiles lyonnais avaient été écrasés « *sous les yeux de la troupe qui les a laissé massacrer!* »

Le soupçon éternel de trahison passa dans ces esprits faciles à l'entraînement, prompts à la fièvre, comme tous ceux qui souffrent. Des meneurs, exaltant le sentiment de la foule, poussèrent aussitôt à un soulèvement immédiat. Le tocsin fut sonné et on résolut de chasser de l'Hôtel-de-Ville le préfet, M. Challemel-Lacour, et d'y installer la Commune révolutionnaire.

Un républicain vaillant, chef d'atelier estimé, un citoyen que l'Empire avait honoré de sa haine, le digne commandant du 12e bataillon de la garde nationale, Antoine Arnaud, refusant d'entrer dans la salle Valentino où se préparait la manifestation et le coup de main contre l'Hôtel-de-Ville, fut hué, arrêté et traîné par des lâches armés et des femmes qui lui crachaient au visage, jusque dans la salle où un simulacre de jugement condamna à mort ce patriote qu'on mena jusqu'au Clos Jouve, tenu au collet par Deloche et suivi par des femmes dont l'une tenait un drapeau rouge, l'autre un drapeau noir. Arrivé à l'endroit où il devait mourir, Arnaud ôta sa tunique déchirée, son gilet, découvrit sa poitrine, et, faisant face au peloton de ses bourreaux : « Accomplissez votre mission, dit-il en jetant son képi en l'air, et *Vive la République!* » Il cria encore trois fois : « *Vive la République!* » puis fut appé de plusieurs balles. Il ne tomba qu'au troisième coup la face contre terre et se débattant dans une agonie qui faisait crier à la foule : « *Achevez-le!* » et à quelques-uns : « *Grâce, grâce!* »

Il y avait là des milliers de personnes, des femmes, des mères. Arnaud ne fut point sauvé. Il mourut fusillé, assassiné.

La ville de Lyon se sentit atteinte par les balles qui avaient tué cet honnête homme. Durant l'enterrement civil du commandant Arnaud, le drapeau noir fut hissé sur l'Hôtel-de-Ville. La garde nationale de Lyon et des détachements de troupes suivaient le cercueil où l'on pouvait voir les insignes de compagnon ferrandinier joints aux insignes maçonniques. Les trois enfants d'Antoine Arnaud furent adoptés par la cité de Lyon. Gambetta qui venait d'inspecter l'armée de Bourbaki, assista aux funérailles de ce patriote victime d'une indigne furie.

Jules CLARETIE.

---

## *Cremer jugé par le colonel Poullet.*

Au milieu des désastres qui ont englouti tout ce que la France s'était habituée à regarder comme des illustrations, on aime à s'arrêter sur les grands caractères qui ont lutté jusqu'au bout contre la mauvaise fortune, étonnant le monde par leurs talents militaires et par leur constance.

Chanzy, Clinchant, Faidherbe, Jauréguiberry, Billot, Crémer ont acquis à jamais une gloire impérissable.

Evadé de Metz, le capitaine Crémer, fait général à trente ans par Gambetta, n'a jamais eu de désastre à déplorer ; partout où il a rencontré les Prussiens, il les a maintenus ou battus.

... Qu'il soit permis à l'un des officiers qui l'ont le mieux connu, d'esquisser les principaux traits de l'homme sur lequel tant de singulières choses ont été écrites.

... Un heureux mélange d'audace, de décision, de calcul et de prudence forme le trait distinctif du caractère du général Crémer. Ceux qui ne l'ont connu qu'imparfaitement ont pu le trouver téméraire ; ceux qui l'ont approché de près savent avec quelle opiniâtreté il étudiait les questions militaires ; ils savent que le travail s'alliait chez lui à une très haute perspicacité qui lui permettait de démêler les questions les plus confuses et lui donnait cette sûreté de coup d'œil et de décision si rare à rencontrer dans un même homme.

Ceci faisait dire au commandant Koziell :

— « Ce qui m'a le plus surpris, c'est de voir un général aussi hardi que « Crémer engager les troupes avec tant de prudence et être si ménager de la « vie de ses soldats. »

Chez Crémer la décision était non seulement un don naturel, mais encore le fruit du calcul ; c'est là une qualité essentielle aux hommes de guerre... L'effrayante responsabilité du commandement, les objections nombreuses que soulève n'importe quel plan jettent le doute dans l'esprit des gens les plus intelligents, les tiennent dans une irrésolution fâcheuse et paralysent l'action, tandis que la rapidité des mouvements est un des premiers éléments du succès.

On peut appliquer à Crémer ce que Richelieu a écrit de lui-même :

« Je ne fais rien que je n'y pense mûrement, mais mon parti une fois pris, « je vais droit à mon but, rien ne m'arrête ! »

... On sait enfin, quel noble rôle Crémer a joué pendant la Commune en sauvant le général Chanzy des mains des insurgés.

Colonel POULLET.

# *Lettre d'un Otage de Nuits.*

*Nuits, le 1^er août 1884.*

Mon cher Charles,

Tu me demandes de te donner des détails sur l'enlèvement des otages de Nuits, qui suivit la bataille du 18 décembre.

Bien volontiers, mais tout cela est déjà loin et je crains que mes souvenirs ne soient pas bien fidèles. J'essaierai donc de te dire tout simplement ce que j'ai vu.

Mais, avant, permets-moi de sortir un instant de mon petit cadre pour dire le cœur encore plein d'une fière et patriotique émotion, que 8,000 hommes à peine, n'ayant jamais porté les armes, ont soutenu de 10 heures du matin à 5 heures du soir, vaillamment, héroïquement, une lutte acharnée contre des forces ennemies doubles en nombre, munies d'une artillerie trois fois plus nombreuse, aguerries et disciplinées d'une manière formidable.

Honneur donc à tous ceux qui ont combattu dans cette journée sanglante du 18 décembre 1870.

De tels exemples d'intrépidité sont nombreux dans cette guerre abominable. Grâce à eux, nous avons le droit de porter la tête haute, malgré notre défaite et le droit aussi d'espérer en un relèvement éclatant de notre chère patrie. Mais, en attendant, malédiction à la race de ceux qui l'ont faite.

Donc, le 18 au soir, notre petite armée se repliait écrasée. Après nos pauvres soldats, abandonnant le champ de bataille, tout frémissants de rage, voici ceux de Werder avec leurs hourrahs de bêtes féroces.

Brisé moralement et physiquement, j'attendais anxieux, barricadé chez moi, quand à 9 heures retentit un coup de cloche. J'allai ouvrir et me trouvai face à face avec cinq casques pointus, accompagnés d'un Nuiton forcé de faire cette besogne.

A ma question, un sous-officier me répondit en fort bon français que le général m'*invitait* à me rendre à l'Hôtel-de-Ville, où je trouverais d'autres de mes concitoyens, pour une « communication importante et intéressant la « ville de Nuits. Cependant, ajouta-t-il, en voyant ma femme bien vite accou- « rue à mes côtés, rentrez cinq minutes pour dire adieu à *Matame.* »

Comprenant alors ce qui pouvait nous arriver, je rentrai effectivement et pris une partie du peu d'argent qui nous restait ; puis, revenant me mettre entre mes cinq baïonnettes tudesques, j'ordonnai moi-même le départ.

Nous arrivâmes bientôt sur la place de l'Hôtel-de-Ville encombrée d'Allemands et au milieu desquels nous eûmes de la peine à frayer notre chemin.

L'Hôtel-de-Ville était rempli de troupes badoises. Ce fut dans une maison voisine où se trouvait l'état-major, que je fus introduit au milieu de plusieurs officiers et d'une dizaine de mes compatriotes déjà arrivés.

Après une grande heure d'attente muette, l'un de nous qui parlait l'allemand rompit le silence et demanda au nom de tous, où était le général, ce qu'il nous voulait et quel sort nous était réservé. Il nous fut répondu que le général était au camp de Boncourt et que c'est là que nous le verrions.

Nous comprîmes alors qu'il serait fait de nous comme des otages de Dijon, après la bataille du 30 octobre, et que nous irions dans des wagons de marchandises admirer les bords de la Sprée, par deux pieds de neige et 18 degrés de froid sous les sarcasmes de ces balourds d'allemands. Nous aurions autant aimé la prison tout de suite.

Peu après, nous prenions la file de 300 prisonniers de guerre, composée d'une douzaine d'officiers et de soldats appartenant pour la plupart à la 2e légion du Rhône.

Nous voilà donc partis pour Boncourt, flanqués de fantassins badois.

A moitié chemin, on nous refoula dans les champs et dans les vignes, plus ou moins brutalement. Il s'agissait de faire place à la voiture du grand duc de Bade qui dans la journée avait eu la mâchoire fracassée par une balle. Il ne vint à aucun de nous, je crois, l'idée de le plaindre. C'était peu généreux peut-être, mais c'était ainsi.

Cette affreuse blessure qui lui avait enlevé complètement la mâchoire inférieure voici comment il l'avait reçue :

Voulant parcourir le champ de bataille avec le moins de danger possible, il avait trouvé très ingénieux et très brave de s'abriter sous le drapeau de Genève qui flottait au-dessus de l'une de ses voitures d'ambulance. Il s'y installa donc, sur l'impériale, avec quelques officiers d'ordonnance. Ce petit manège fut remarqué par un officier de la 1re légion du Rhône. Ancien soldat et bon tireur, il saisit aussitôt un chassepot, mit en joue et fit feu. A l'instant même, bagarre indescriptible sur ladite voiture qui, tournant bride au plus vite, partit à fond de train. Son Altesse Royale le grand Duc avait une mâchoire de moins.

Qu'allait-il faire dans cette galère? Son idée lâche, idée qui certes ne viendrait pas à un Français, il l'avait payée cher. Il n'en mourut pas, mais cette blessure inavouable lui resta à la face comme un stigmate ineffaçable.

Arrivés, à 11 heures environ, aux premières maisons de Boncourt, un immense capitaine d'infanterie avec de grosses lunettes à branches d'or, vint se placer au milieu de nous et nous annoncer qu'il était chargé de notre garde et que nous verrions le général non pas ce soir là, mais le lendemain matin. Nous comprenions ce que cela voulait dire. Sur ce, il nous mena au milieu d'un champ près d'un grand feu et crut de bon goût de nous offrir du tabac et des cigares — provenant de quelque réquisition sans doute — tabac et cigares refusés avec ensemble, cela va sans dire. C'est là, dans ce champ tout boueux que nous dûmes passer la nuit, entourés d'un cordon de sentinelles. Au milieu de la nuit, on nous donna quelques bottes de paille. Un des soldats chargés de nous garder, profitant de l'absence de l'officier, s'approcha à un moment de notre feu, nous le laissâmes faire ; mais le capitaine très bien élevé qui revenait sur ces entrefaites tomba dessus à coups de pied et à coups de poing et lui administra une correction des plus distinguées. Quelles jolies mœurs que celles de la vertueuse Allemagne!

Bien entendu, l'envie de dormir ne nous vint point, passant notre temps à deviser sur les événements. Notre gracieux capitaine nous avoua alors très carrément que nos petits soldats s'étaient battus comme de vieilles troupes et qu'ils avaient fait beaucoup de mal aux siennes. Il ajouta que, sans le manque de munition et à la faveur de la nuit, il est probable que cela eût pris une autre tournure. Il nous dit que nous avions 18 pièces de canon et eux 36, et qu'enfin le grand duc ne survivrait probablement pas à sa blessure.

Les autres prisonniers, ceux appartenant à l'armée de Crémer, étaient non loin de nous, groupés sur la terre labourée et humide, sans feu.

Le profond silence qui régnait autour de nous était loin de nous faire supposer que 12 mille hommes nous entouraient, sur les 18 mille qui avaient attaqué Nuits. Les 6 mille autres — nous l'apprîmes plus tard — étaient en retraite de Villars-Fontaine sur Dijon.

Il faisait encore nuit noire, quand à 6 h. 1/2, on nous fit lever. Notre gardien nous annonça alors d'un air plein d'hypocrite commisération qu'il était désolé de nous annoncer que le général étant parti dans la nuit pour Dijon, nous ne pourrions le voir que là et qu'en conséquence il se voyait dans la nécessité de nous inviter à prendre la tête des prisonniers de guerre.

Nous défilâmes donc devant les troupes allemandes, réveillées sans bruit et déjà prêtes à partir, et nous marchâmes en tête de nos soldats captifs, fiers d'un tel honneur.

A 7 heures, nous sortions de Boncourt, suivant le chemin vicinal de St-Bernard et Epernay.

A droite et à gauche nous étions flanqués de fantassins et de cavaliers badois. En traversant les bois, très nombreux dans cette région de la plaine de Citeaux, on nous faisait accélérer la marche, par crainte d'une surprise des francs-tireurs de Bourras que les Allemands savaient par leurs éclaireurs, cantonnés à Aubigny, Aizerey, Brazey et St-Jean-de-Losne.

Dans ces moments, non seulement on nous excitait de la voix, mais encore par des coups de poing ou de plat de sabre. Ceux d'entre nous qui avaient le plus à souffrir c'étaient surtout ceux que leur âge empêchait de suivre la colonne à une allure rapide.

C'est ainsi que nous dûmes intervenir à plusieurs reprises pour protéger M. Coirier, ancien notaire, qui était surtout en butte à ces brutalités.

C'est en manifestant énergiquement notre indignation en face de pareils traitements que nous finîmes par obtenir une carriole en passant à Epernay. MM. Coirier et Misserey y prirent place à côté d'un jeune lyonnais grièvement blessé au pied.

A midi, *en place repos!* Une demi-heure d'arrêt.

Nous étions à la jonction du chemin vicinal de Barges avec la route de Seurre à Dijon. Plus loin, à Longwic, nous rejoignions celle de St-Jean-de-Losne et, à 4 heures du soir, nous entrions à Dijon par la place St-Pierre et la rue Chabot-Charny. De toutes les fenêtres s'agitaient les mouchoirs et partaient les cris comme une traînée de poudre « *Vive la France ! Vivent les Nuitons ! Vivent les Lyonnais !* » Cela n'avait point l'air de réjouir nos vainqueurs aussi nous poussaient-ils violemment pour en finir au plus vite.

Cette manifestation spontanée, à la fois si patriotique et si dangereuse sous les revolvers prussiens, nous allait bien profondément au cœur. C'était aussi une douce récompense pour ces pauvres vaillants soldats en marche sur quelque forteresse allemande.

Arrivés devant le théâtre, on nous fit tourner à droite et entrer dans l'église Saint-Michel.

Nos soldats prisonniers s'accroupirent comme ils purent sur les dalles de la nef. Les otages et les officiers occupaient la sacristie.

Depuis plus de 24 heures nous n'avions rien mangé. La faim s'ajoutait à nos tortures morales, et malgré les efforts généreux des Dijonnais pour nous passer quelques secours, ce n'est qu'à huit heures du soir que le maire de Dijon, M. Dubois, put obtenir de l'autorité allemande de nous faire donner des vivres.

Nous nous attendions à continuer notre voyage le lendemain, quand, à 10 h. du matin, entra dans l'église changée pour nous en prison, un officier de gendarmerie qui s'exprima en ces termes :

« Messieurs, je viens de la part du général Werder, commandant en chef,
« vous annoncer qu'en raison des bons soins que nos blessés ont trouvés à
« l'égal des vôtres dans la ville de Nuits, liberté vous est rendue. En consé-
« quence, vous allez me suivre à la Commandature, où un laissez-passer
« motivé vous sera délivré, mais la route de Dijon à Nuits étant occupée
« par nos troupes qui ne sont pas toutes rentrées, vous êtes invités pour
« éviter tout accident, de chercher un gîte à Dijon et à ne partir que demain
« matin. »

Nous prîmes alors congé de nos compagnons, officiers et soldats, avec quels serrements de main, on le devine..... et nous suivîmes notre gendarme à ce qu'il appelait la commandature, sorte de bureau de la guerre établi dans le palais des Ducs.

Là on nous répéta la même chose et un laissez-passer rédigé sur les mêmes motifs nous fut délivré.

Nous donnant alors tous rendez-vous pour le lendemain matin chez M. Darantière, notaire, place Saint-Jean, nous allâmes demander asile à nos amis de Dijon.

A l'heure dite, nous étions tous au rendez-vous. Arrêtés aux barrières de la route de Beaune et à Gevrey, notre laissez-passer reconnu authentique nous permit de gagner Nuits.

A 2 kilomètres avant d'arriver, nos cœurs, tout à la joie de revoir nos amilles, se serraient à la vue des flaques de sang qui par places couvraient la route. Quelques cadavres de soldats prussiens se voyaient encore au bord des fossés et dans les vignes voisines à côté de bidons, de sacs, de fusils maculés, brisés, tristes traces de la bataille de la veille.

Sur la place de l'Hôtel-de-Ville, nous fûmes bientôt entourés d'une foule de parents, d'amis, et pour ainsi dire de toute la population, et ce fut au milieu des plus chauds témoignages d'affection et en proie à une profonde et bien naturelle émotion que nous rentrâmes dans notre chère petite ville.

*Un des otages de Nuits.*

---

## *Nuits après la bataille.*

En rangeant de vieux papiers, je retrouve une lettre de feu mon grand-père, qui habitait Nuits à l'époque de la guerre. Je la crois intéressante.

La voici :

Ch. R.

Nuits, 5 janvier 1871.

Mes chers enfants,

Nous n'avons reçu votre lettre que ce matin. Elle a mis une semaine pour nous venir de Nolay.

Nous vous remercions bien, la grand'mère et moi, des souhaits de bonne année que vous nous adressez. Hélas ! celle qui vient de finir est bien triste. Dieu veuille que celle-ci soit plus heureuse pour notre pays. J'étais à la bataille de Rosnay en 1814 et j'ai vu passer par la route de Reims toute l'invasion des Cosaques. On les trouvait bien sauvages ; mais ce n'était rien. Je devais voir les Prussiens à soixante-six ans de là. C'est bien autre chose.

Enfin, nous avons la vie sauve ma femme et moi. Je ne sais comment nous avons échappé. Le 18 décembre, nous avons eu des Prussiens tués dans notre corridor. Nous en avions quatre qui s'étaient réfugiés de vive force chez nous. On les a découverts. Deux ont été tués, les deux autres faits prisonniers. Quant à nous, pauvres vieux, nous étions dans la cave. Nous y avons passé toute la journée et toute la nuit. Nous sommes trop vieux pour nous défendre, sans cela....

Voici où en est la ville de Nuits :

Dans la rue de Beaune, notre voisin Paul Labouré a reçu cinq balles dans sa chambre et dix-neuf dans sa cour, plus une éraflure d'obus.

Chez nous, il y a cinq ou six balles dans la façade et des tuiles enlevées du toit par les boulets.

Un peu plus loin, chez Collardot, une bombe a démoli une fenêtre et est entrée dans une chambre du premier étage, brisant tout sur son passage ; elle s'est logée dans le mur au fond.

Toutes les maisons de la rue de Beaune sont criblées.

Dans la rue de Quincey, les maisons sont plus maltraitées encore. Par là, il y a eu une forte résistance. L'Hôpital, qui domine les autres bâtiments, a été frappé toute la journée par une véritable grêle de plomb. Les obus sont entrés par la fenêtre, dans la chambre de la sœur Narvaux. Une bombe a éclaté contre l'angle de la pharmacie. Une autre a emporté la corniche au-dessus de la chambre de la supérieure. Les sœurs n'ont pas bronché. Elles ont ramassé les blessés sans faire attention à tout cela. Aucune n'a été atteinte. C'est bien extraordinaire.

Dans la rue de Dijon, à partir de la maison de M. Labouré-Roy, tout est brisé, portes, fenêtres, toits hachés par les projectiles.

L'Hôtel-de-Ville est complètement pillé. Les Prussiens ont tout volé. Ils y sont entrés en enfonçant les portes à coups de crosses et se sont retirés après y avoir fait des ordures comme des pourceaux. Il ne reste pas un carreau aux fenêtres, dans cette rue. Toutes les portes sont brisées et les maisons pillées sans aucune exception. La façade de la maison de M. Janiard est comme une écumoire. Heuyer, l'épicier, a été pillé de fond en comble. Les Prussiens ont tiré sur lui.

Il voulait se défendre. Une dizaine de balles de ces brigands sont allées se loger dans la chambre, derrière le magasin, brisant tout sur la cheminée. Le père Heuyer qui s'y trouvait a été gravement blessé. Il a reçu des débris à la tête. Il a un œil de perdu et on craint pour ses jours.

A partir du Bailliage jusque sur le pont, il n'y a pas de mal aux devantures. Mais les toits sont à jour en maint endroit, et encore on ne voit pas tout en passant dans la rue.

Une bombe a traversé la maison d'Ocquidant Nolotte presque du haut en bas et est venue éclater sous son lit. Elle a mis le feu à la chambre ; mais on a pu l'éteindre à temps.

Nos soldats se sont défendus comme des enragés, quoique bien plus faibles, comme munitions, que les Prussiens. L'ennemi avait massé 10,000 hommes à la Berchère ; 4,000 sur Vosne, 2 ou 3,000 autres ont attaqué par Villars-Fontaine avec quatre pièces de canon.

Nous avions dix pièces sur le chemin de Chaux, deux sur la montagne, entre Chaux et Meuilley. L'armée de Crémer a fait tout son possible partout. Il y avait deux légions du Rhône et 3 compagnies du 57e de marche, plus le 32e de ligne en entier. Un bataillon du 32e en bas de Chaux a repoussé les Prussiens de Villars. Les canons prussiens ont été démontés par les nôtres. Tout à fait culbutés de ce côté, les Prussiens sont partis et on ne les a plus revus.

*Le Beffroi (ancien bailliage)*

D'après une aquarelle de M. A. Huttan.

Les Badois ont été hachés près du chemin de fer par les légions du Rhône. Mais ils ont fini par entrer et alors a commencé la tuerie à coups de baïonnette. C'est le soir que ceux dont j'ai parlé ont été tués chez nous, il y a encore du sang sur le mur du corridor.

Après la bataille, les Prussiens ont pris 12 otages parmi les notables. Ils les ont emmenés à pied à Dijon. Le vieux père Coirier était du nombre, ils ne lui ont pas donné le temps de mettre ses souliers. Ils l'ont traîné toute la journée le long du chemin de Dijon par Citeaux, en sabots! P. Labouré était aussi dans cette chaîne de forçats. A Dijon on les a jetés dans l'église Saint-Michel où ils sont restés jusqu'au lendemain sans boire ni manger. Les Dijonnais ont eu beau faire, les soldats de Werder leur ont empêché de les secourir. Enfin, ils les ont relâchés quand ils ont appris qu'à Nuits les habitants avaient ramassé indistinctement leurs blessés et les nôtres.

Mais, tout n'est pas dit, avec un peu plus d'hommes et de munitions, on pourrait bien, un de ces jours, faire voir une bonne déroute à Monsieur Werder. Déjà ceux qu'il a rencontrés à Nuits lui ont donné du fil à retordre et il se tient pour averti.

.................................................................

.................................................................

Nous vous embrassons tous les trois. Nos compliments à tous nos amis de Nolay.

Nous ne sommes pas morts malgré tout et nous nous reverrons encore. Adieu mes enfants, pour la grand'mère et pour moi.

LEFÈVRE.

---

## *Le premier service funèbre de Mesny de Boisseau.*

L'abbé Garnier, curé de Nuits, prononça le 20 novembre 1871 une allocution que nous reproduisons ici en raison des sentiments patriotiques qui s'y trouvent exprimés. Nous l'avons retrouvée dans une lettre particulière que voici :

Nuits, 21 novembre 1871.

Hier, 20 novembre 1871, jour de douloureux anniversaire, on célébrait un service funèbre pour Léon Mesny de Boisseau ; une foule nombreuse se pressait sous les nefs de l'église. L'office terminé, l'abbé Garnier, curé de Nuits, se rendit sur le lieu lugubre de l'*assassinat* pour y bénir un petit monument que la mère de l'héroïque enfant venait d'y faire construire.

La foule y fut encore plus nombreuse qu'à l'église, on peut dire que la ville de Nuits était là tout entière pour rendre hommage au dévouement de l'un de ses plus vaillants défenseurs.

Le froid était excessif, une neige épaisse et durcie couvrait la terre.

La pauvre mère, en habits de deuil, agenouillée sur les pierres du chemin, sanglotait au milieu de la foule profondément émue. Le spectacle d'une si grande douleur et le souvenir du terrible drame qui s'était passé là faisaient couler des larmes de tous les yeux. Alors, l'abbé Garnier, dominant avec peine l'émotion qui l'étreignait, se tourna vers la mère et d'une voix vibrante :

Tout ce que je vois ici, Madame, s'écria-t-il, me retrace l'une des plus grandes scènes de l'Evangile, à la fois lugubre et consolante.

Ce jour-là Jésus arrivait aux portes de Naïm ; il rencontre un mort que l'on portait en terre. C'était un fils unique, sa mère était veuve, et elle assistait au convoi funèbre de son enfant, entourée d'une grande foule. Jésus la voyant, s'émut de compassion et lui dit : « Mère affligée ne pleurez point. » Et il s'approcha et il toucha le cercueil; ceux qui le portaient s'arrêtèrent et il dit : « Jeune homme lève-toi, je te l'ordonne ; » et le mort se leva et il le rendit à sa mère.

Comme à Naïm, Jésus voit ici, aux portes de la ville de Nuits, entourée d'une foule qui partage sa douleur, une mère veuve, elle aussi, abîmée dans les larmes, sur le lieu du supplice où son fils unique a versé la dernière goutte de son sang pour la patrie, et par ma voix, il vous dit aussi : « Ne pleurez pas ! »

Non, mère affligée, ne pleurez pas ! Celui qui a versé son sang pour le salut des hommes a touché de sa main votre fils mort pour la défense de son pays et il lui a dit : « Jeune homme lève-toi, je te l'ordonne ; ton sang généreusement versé s'unit à celui que j'ai répandu sur le monde, viens recevoir la récompense du Dieu des armées et un jour tu seras rendu à ta mère. »

Non, mère affligée, ne pleurez pas! votre fils est mort au printemps de la vie, mais que de tristesses ont été épargnées à son ardent patriotisme!

Il n'a pas été abreuvé du spectacle déchirant du triomphe de nos ennemis.

Cette foule qui vous entoure partage votre douleur! Cette croix que je viens de bénir nous gardera à tous un souvenir ineffaçable et invitera chacun de ceux qui passeront près d'elle à prier pour le fils et pour la mère.

Ne pleurez pas, mère affligée; la vie passe comme un songe et un jour viendra où Dieu rendra à la mère, surabondamment consolée, son fils dont les blessures seront autant d'étoiles rayonnantes de gloire et d'immortalité.

Ce discours tout vibrant de patriotisme, prononcé avec une grande chaleur de sentiment fut écouté avec une émotion croissante et en se retirant l'orateur et les assistants ne purent retenir leurs larmes....

........ ..........................................................

Jeanne ***

## Description des monuments commémoratifs élevés à Nuits.

1er Monument : une pyramide située à la croisée des routes d'Agencourt et de Boncourt.

Devant du monument, face à la montagne :

Une épée droite portant sur sa garde les mots : *Donec Ulti.*

Plus bas, un lion blessé léchant sa patte qu'il appuie sur un javelot dont elle a été percée.

En bas, à gauche : E. Clauses, sculpteur, 1873, à Lyon.

En bas à droite : A Bellemain, architecte, M. DCCCLXXIII.

Sur la face sud, côté droit :

« *A la mémoire des Francais morts pour la patrie dans les combats*
« *soutenus à Nuits contre les Allemands pendant la guerre de la Défense*
« *nationale. MDCCCLXX.* »

*Honneur Patrie.*

« *Dans le sanglant combat soutenu à Nuits le XVIII décembre, des gar-*
« *des nationaux, des soldats à peine enrégimentés, ont vaillamment com-*
« *battu contre l'ennemi quatre fois supérieur en nombre.* »

Côté nord, face à Dijon :

« *Ce monument est élevé en souvenir des combats soutenus à Nuits contre*
« *les Allemands, le XX novembre, le XXX novembre et le XVIII décembre*
« *MDCCCLXX.*
« *Combat du XX novembre :*
« *Francs-tireurs.*
« *Combat du XXX novembre :*
« *IIe Légion du Rhône ;*
« *Francs-Tireurs.*
« *Combat du XVIII décembre :*
« *Ire Légion du Rhône ;*
« *IIe Légion du Rhône ;*
« *XXXIIe régiment de marche ;*
« *LVIIe régiment de marche ;*
« *Mobiles de la Gironde ;*
« *Francs-tireurs.* »

Côté est, face à la plaine :

« *Ossibus exoriare ultor.* »

2me Monument, une croix et une pierre sur la route de Dijon :

*A la mémoire de Léon Mesny de Boisseau*

en dessous, les armes des Mesny de Boisseau :

Une étoile argent or, avec tête de cerf sur croissant d'argent sur fond de gueule.

« *Agé de 18 ans 8 mois, franc-tireur du Jura, tué ici le 20 novembre*
« *1870 en combattant vaillamment pour la défense de la France.*
« *Embaumé, son corps a été rendu à sa mère désespérée dont il était*
« *l'unique enfant.* »

3e Monument, une pyramide surbaissée au cimetière :

Côté sud : « *Combats des XX et XXX novembre, des I et XVIII décembre MDCCCLXX.* »

Côté est : « *IIIe bataillon des mobiles de la Gironde ;*
« *XXXIIe et LVIIe de marche ;*
« *1re batterie d'artillerie ;*
« *Francs-tireurs.* »

Côté nord : « *Aux Français morts en combattant à Nuits MDCCCLXX.* »

Couronne d'immortelles traversée de deux branches de laurier.

*Monument élevé sur le champ de bataille*

Vue prise du chemin d'Ageucourt.

## Noms des soldats tués, inscrits sur les dalles à l'est et à l'ouest du monument

### OFFICIERS

| | | | |
|---|---|---|---|
| Celler, colon. de la 1<sup></sup>re légion. | Bourguignon, capit. 1re légion. | Fenodot, lieuten. 1re légion. | Thibault, lieut. 32e de marche. |
| Graziani, lieut. colon. du 32e de marche. | Melon, lieut. 1re légion. | Bridet, lieut. 1re légion. | Pattin, lieuten. 32e de marche. |
| Lemaire, lieut. 32e de marche. | Henriout, sous-lieuten. 1re légion. | Rollet. s.-lieut. 2e lég. | |

### SOUS-OFFICIERS

| | | | |
|---|---|---|---|
| Vacher, adjud. artiller. | Drevet, serg.-maj. 1re légion. | Cloton, serg.-fourrier, 1re légion. | Mollin, serg.-fourrier, 1re légion. |
| Beauchard, sergent, 2e légion. | Lapierre, serg. 2e lég. | Rabat, serg.-fourrier, 1re légion. | Spere, serg. 32e de marche. |
| Escomel, serg. 2e légion. | Guibert, serg. Gironde. | | |

### CAPORAUX ET SOLDATS

*1re légion*

| | | | |
|---|---|---|---|
| Alix, Alamichel, | Dereaux, Deschamps, | Jambon, Jolliet, | Ratton, Regnier, |
| Artigue, Augros, | Doer, Dowler, | Labeye, Laffitte, | Reverdy, Rodier, |
| Avez, Béliard, | Drevon, Drivon, | Laneyrié, Laribe, | Rollin, Riafaud, |
| Bidon, Berthier, | Drizet, Dubois, | Lassara, Léger, | Salet, Sauvage, |
| Bourbon, Bouchon, | Ducreux. Dufour, | Lhopital, Madinier, | Savignon, Silvestre, |
| Buffard, Bellicaud, | Dulac, Durozat, | Masson, Matray, | Soifrant, Suchet, |
| Boyer, Cauvert, | Duvivier, Favre, | Mercier, Michaud, | Tarpin, Thibault, |
| Champin, Chaumartin, | Fourreau, Fremy, | Margenot, Moreau, | Treboulet, Trunel, |
| Chauvion, Chapiron, | Gabert, Gery, | Morel A*, Morel J*, | Veluire. |
| Cizain, Cognard, | Ginot, Giraud, | Oysellet. Passeron, | |
| Collin, Collonge, | Grangier, Guichon, | Picard, Place, | |
| Corsin, Courral, | Guillermain, Guillot, | Poissant, Prallet, | |

*2e légion*

| | | | |
|---|---|---|---|
| Aucour, Barnier, | Bucton, Buisson L* | Desclaireux, | Durand, |
| Bayard, Berger, | Buisson P*, Burat, | Dethieux, Dubois, | Dutel, |
| Berthaud, Berthelon, | Callot, Ceraso, | Dubreuil Philippe, | Escomel Etienne, |
| Berton, Blanc, | Chabo sset, | Dubreuil Jean, | Favel, |
| Boiton, Bony, | Chavanis, Chavanne, | Dumas Claude, | Fontaine, |
| Boulesteix, Bourgeat, | Choleton, Collet, | Dumas Jean, | Frangin, |
| de Boisset, Brasse, | Damey, Deborde, | | |
| Frenea, Fuchet, | Jeannin A*, Josserand, | Melay, | Pivot, Payet, |
| Garly, Garnier, | Julien, Julliat, | Mongain, Muzelier, | Ratton, |
| Gilibert, Giraud, | Joubert, Lacotte, | Narbonne, | Roch, Roche, |
| Giraud F., Goy, | Lafay, Lapierre H*, | Mony, Pailleron, | Roulot Paul, |
| Guebey, Grandjean, | Large, Latriche, | Paillet, Passerou, | Subtil, Terrenoire, |
| Grognard, Gulian, | Laville. Litaize, | Pecot, Pernoud, | Thivel, Thollet. |
| Harraud, art<sup></sup>ie, Jeannin, | Loup, Mathon, | Perrin, Pinaton, | Tisseur, Villet, |

### MOBILES DE LA GIRONDE

| | | | |
|---|---|---|---|
| Bustaud, | Chancel, | Labrie, Lachotte, | Legras. |

### FRANCS-TIREURS

Mesny de Boisseau.

### CHASSEURS DU RHONE

| | | | |
|---|---|---|---|
| Belle, Boudron, | Munier, | Renard, | Trescove-Corse. |

### ECLAIREURS DU RHONE

| | | | |
|---|---|---|---|
| Ferte, Hamiel, | Moiraud, | Chaignet-Vosges, | Guilleminot, |

*Sans désignation de corps*

| | | | |
|---|---|---|---|
| Blachier, Canet, | Ferrier, Goiffon, | Graisse, Mollard, | Lagarde, |
| Mayou, Merlet, | Pointe, Renaud, | Serre, Trichard, | Vaillant. |

Bertrand, lieutenant, 1re légion;
Genetier, lieutenant, 2e légion;
Riehl, adjudant, 1re légion;
Merle, Leblond, 1re légion;
Panat, Renard, Dupuis, 2e légion;
Balivay, Paquier, Puillot, 1re légion.

NOTA. — Ces noms ne représentent environ que les deux tiers des tués, un tiers au moins n'ayant pu être connu.

Voici l'ordre du jour du colonel Ferrer à la suite du combat du 30 novembre :

### ORDRE DE LA LÉGION

Le colonel témoigne à la légion sa vive satisfaction pour l'entrain, l'intrépidité et la confiance dont les hommes ont fait preuve dans l'engagement d'hier.

Le détachement de Tarare, qui a eu l'honneur de tirer les premiers coups de fusil, s'est bravement conduit en se maintenant constamment dans la position périlleuse qui lui avait été assignée. Le colonel est heureux de le déclarer hautement et de lui en exprimer sa reconnaissance.

Les tirailleurs des Cévennes et les francs-tireurs de la Mort (d'Alger) ont été admirables d'audace et de vigueur. Le colonel félicite d'une manière toute particulière, le capitaine Thibaud, commandant les tirailleurs des Cévennes, le lieutenant Lhéritier, commandant les francs-tireurs de la Mort, et le sergent Salagnard, conseiller de Tarare.

En un mot, toute la légion a noblement fait son devoir et le colonel serait heureux de pouvoir citer nominativement tous ceux qui en font partie. Il se borne à remercier les commandants Mouton, Duproz et Nicorelli, et les officiers de l'énergique concours qu'ils lui ont prêté.

Aussitôt que le colonel aura reçu des officiers supérieurs et des capitaines les renseignements qu'il leur a demandés, il établira des états de propositions pour des récompenses.

*Le 1er décembre 1870.*

Le colonel, FERRER.

---

## *Le colonel Ferrer et le Préfet de la Côte-d'Or.*

Le 7 décembre, le colonel Ferrer envoya sa démission au préfet du Rhône, Challemel-Lacour, à la suite de difficultés survenues avec le préfet de la Côte-d'Or au sujet du combat de Châteauneuf. Le colonel Ferrer fut remplacé le 12 décembre par le colonel Chabert, ancien officier de la garde impériale en retraite.

Les deux documents qui suivent feront comprendre les motifs de cette mesure.

*Dépêche du préfet de la Côte-d'Or sur le combat de Châteauneuf.*

(Ce rapport fut placardé sous forme d'affiche dans les communes du département.)

« Général Crémer a battu, près Châteauneuf, une colonne prussienne de « 7,000 hommes, commandée par le général Keller. 400 Prussiens blessés ou

*Monument élevé au cimetière*

Vue prise du côté de la montague.

« tués, plus de 100 prisonniers, dont 4 officiers, un convoi de vivres et d'ar-
« mes pris. La légion Celler a eu les honneurs de la journée. Artillerie a bien
« débuté. Ennemi poursuivi jusque près Sombernon. Nos pertes sont insi-
« gnifiantes. Que les citoyens armés s'entendent entre eux pour surprendre
« l'ennemi, lui faire des prisonniers, s'emparer des chevaux de selle, des
« convois de vivres et munitions. »

Dijon, 3 décembre 1870.

*Le préfet,*
LUCE VILLIARD.

---

Bligny, le 5 décembre 1870.

CITOYEN PRÉFET,

Ennemi du mensonge et de la charlatanerie, je viens protester contre votre dépêche du 3 décembre, relative au combat de Châteauneuf et de Vandenesse.

Et d'abord, citoyen préfet, n'y a-t-il pas un peu trop d'exagération dans le chiffre des forces de l'ennemi ? Ensuite, que signifie cette expression : « *légion Celler* » ? Vivons-nous encore à une époque féodale ?

Ceci posé, j'entre dans le fond de votre dépêche et je vous dis qu'elle est en tout point erronée. Ce n'est pas la *légion Celler* (1re légion du Rhône) qui a eu les honneurs de la journée, ce sont les légions du Rhône, le bataillon de la Gironde, le bataillon de Saône-et-Loire, les chasseurs volontaires ou éclaireurs du Rhône, les francs-tireurs de la Mort (d'Alger), les tirailleurs des Cévennes, en un mot, ce sont tous les corps qui ont contribué à chasser les Prussiens de Vandenesse.

Il est vrai, pourtant, que l'ennemi a été poursuivi jusque près de Sombernon. Mais savez-vous par qui ? C'est par le 3e bataillon de la 2e légion du Rhône, et non par la légion Celler.

Enfin, si quelqu'un, dans cette affaire, a fait preuve d'une heureuse témérité et d'un courage chevaleresque, et doit être cité d'une manière toute particulière à la sympathie de ses concitoyens, c'est le capitaine Ulpat de la 2e compagie du 3e bataillon de la 2e légion du Rhône.

En résumé, citoyen préfet, je crois devoir vous engager à vous occuper, à l'avenir, de l'administration de votre département, et à laisser aux généraux et aux chefs de corps le soin de rendre compte des opérations militaires et d'apprécier le mérite des troupes qu'ils commandent.

Salut et fraternité.

Le colonel de la 2e légion du Rhône,
FERRER.

---

# AFFAIRE ARBINET

## *Déposition de M. de Serres, délégué du Gouvernement de la Défense nationale.*

### EXTRAIT (1).

. . . . . . . . . . . . . . . . . . . . . . . . . . . . . . . . . . . . . . . . . . . . . . . . . . . . . . . . . . . . . . . . . . . . . . . . . .

C'est à ce moment, Messieurs, que se place une affaire qui depuis a pris pour moi des proportions considérables et sur laquelle il me faut vous donner des explications très complètes ; je veux parler de l'affaire de l'épicier Arbinet fusillé à Beaune comme pourvoyeur de l'ennemi.

C'est le 24 décembre que j'arrivai à Chalon pour la première fois. Je m'installai à la sous-préfecture. . . . . . . . . . . . . . . . . . . . . . . . . . . . . . . . . . . . . . . . . . . . . . . . . . . . . Dès le 25, je fus saisi par le sous-préfet de communications importantes sur des pourvoyeurs qu'il affirmait s'être glissés dans la ville de Chalon et de leurs complices, marchands de denrées alimentaires, etc.

. . . . . . . . . . . . . . . . . . . . . . . . . . . . . . . . . . . . . . . . . . . . . . . . . . . . . . . . .

Des mesures diverses avaient été prises pour dissimuler notre mouvement dans l'Est, telles, par exemple, que l'interdiction à la presse de donner toute communication pouvant directement faire soupçonner la marche de l'armée, envoi de notes sciemment inexactes et ayant un caractère demi-officiel et destinées à tromper les esprits sur le déplacement des forces rassemblées autour de Bourges sous le commandement de Bourbaki.

Quelques jours avant, avait eu lieu l'affaire de Nuits dans laquelle le général Crémer tint en échec presque toute une journée le corps du général

(1) N° 1416. — Assemblee nationale (année 1872).

Annexe au procès-verbal de la séance du 13 novembre 1872. *Enquête parlementaire sur les actes du Gouvernement de la Défense nationale. (Déposition des témoins.)* Tome III. Versailles, Cerf et fils, 1873.

Werder. Cette attaque de Nuits avait produit dans le bassin du Rhône, à Lyon surtout, une immense sensation. Il était tout naturel que devant cette attaque des Prussiens qui paraissaient vouloir envahir le bassin du Rhône, on ait appelé des forces pour couvrir Lyon. On pouvait donc très bien, avec une apparence de raison, indiquer que certaines forces avaient été déplacées de la Loire sur le Rhône pour couvrir Lyon ; mais on ajoutait que les Prussiens ne s'étant plus avancés après l'affaire de Nuits, il n'y avait plus lieu de couvrir Lyon et qu'en conséquence les troupes retournaient à leur poste sur la Loire.

Cette fausse nouvelle fut communiquée, sur ma demande, aux journaux.

Je m'appesantis sur ce point pour vous faire voir qu'à ce moment nous cherchions tous les moyens possibles pour éviter qu'on pût savoir que l'armée était dans l'Est, surtout que Bourbaki était à Chalon ; car, dire que le général Bourbaki était dans cette ville, c'était dire que le quartier général était à Chalon, que l'armée était au-dessus de Chalon et à portée des canons de l'ennemi.

Mais nous comptions sans la présence des pourvoyeurs de l'ennemi, c'est-à-dire des *espions volontaires* ou *involontaires*, et ils pouvaient annuler toutes les mesures que nous avions pu prendre pour dissimuler la présence de l'armée de l'Est dans ces parages.

Le 27, sur l'insistance du sous-préfet, je donnai des ordres qui consistaient à faire des visites énergiques des garnis et de vérifier les livres des logeurs, car le commissaire m'avait signalé que la complicité avait été surtout facilitée par les logeurs. Je donnai des instructions pour faire un examen sérieux des livres de commerce des négociants en matières alimentaires, soupçonnés d'avoir vendu des quantités considérables de produits *aux agents de l'ennemi*. Le même jour, le préfet me communiqua l'arrestation faite dans les lignes françaises du sieur ARBINET, au moment où il passait à l'ennemi avec ses voitures de vivres. Dans ses différentes communications, il m'avait signalé cet homme comme le chef de ces bandes de pourvoyeurs prussiens et comme l'homme qui avait pénétré jusqu'au général Bourbaki. D'après les renseignements qui furent donnés plus tard, il avait dû quitter la ville une heure ou une demi-heure après avoir vu le général Bourbaki.

Je savais par le général lui-même qu'un individu était venu lui parler et avait été introduit dans le restaurant où il prenait son repas, qu'on lui avait fait des communications sur la position des Prussiens à Dijon. Le général Bourbaki, avec sa bienveillance habituelle, me fit part de cette communication et des renseignements qu'il avait pris pour exacts. Mais je fus tout d'abord frappé de la différence qui existait entre l'état de Dijon et les dispositions de l'ennemi en avant de cette ville d'après les renseignements de cet individu, peu conformes aux informations très précises accompagnées d'esquisses que m'avaient données les officiers de l'état-major de Garibaldi à Autun. Garibaldi avait toujours un officier d'état-major ou deux à Dijon et, je dois le dire, son état-major me surprit.

M. DE RAINNEVILLE. — A quel point de vue ?

M. DE SERRES. — Par les bons renseignements qu'il possédait sur l'ennemi. C'est par cet état-major que j'eus, sans les exiger, une foule de renseignements.

Je fus donc frappé de la différence qui existait entre les communications que le général me reproduisit et ce que je croyais savoir. J'en fis part au général et j'ajoutai que cela avait du reste peu d'importance pour nous puisqu'il était fort probable que nous ferions cesser l'occupation de Dijon en coupant par Dôle entre Vesoul et Besançon ; que l'ennemi avait fait à Dijon des travaux défensifs qui devaient peu nous intéresser puisqu'il l'évacuerait dès que nous aurions passé Seurre et le Doubs ; et en effet, le 27, ce jour-là même, les Prussiens évacuèrent Dijon. Ils le quittèrent deux jours trop tôt pour nous et deux jours plus tôt que les dispositions naturelles de leur état-major n'auraient dû le leur faire penser. Ils quittèrent Dijon trop précipitamment parce qu'ils nous croyaient bien plus avancés que nous ne l'étions réellement et ils nous ont cru bien plus avancés par ce que, on peut le dire, le général en chef est arrivé trop tôt à Chalon, car il y précédait le 20e corps malheureusement en retard sur les voies ferrées. La présence du général Bourbaki a été connue beaucoup trop tôt. Il est indubitable qu'elle a été sue à Dijon par des espions qui ont constaté la présence de l'état-major à Chalon même.

A l'instant donc où le préfet vint me communiquer le fait de l'arrestation de celui qui était recherché depuis si longtemps, de celui qui était signalé comme le chef de cette bande, je dus devoir faire au général Crémer un rappel à *l'application la plus rapide* et la plus énergique de la *loi martiale.* Il fallait à ce moment un exemple pour arrêter, quand il en était temps encore, le développement des manœuvres honteuses qui compromettaient nos opérations.

Comme cette affaire, présentée sous un faux jour par une certaine presse (la presse réactionnaire), a ému l'opinion publique, je vous demande la permission de remettre sous vos yeux la dépêche que j'envoyai alors et que vous ne connaissez peut-être pas dans son texte même.

M. le Président (M. Saint-Marc Girardin). — Elle nous a été communiquée par M. Crémer.

M. de Serres. — Cette dépêche dit ceci :

« *Hier a été arrêté à Beaune le sieur Arbinet, espion et pourvoyeur de* « *l'ennemi, occupant Dijon ; assurez-vous bien avec l'autorité civile locale* « *de l'indentité et qualité du personnage et faites-le fusiller aujourd'hui.* »

Cette dépêche a été écrite avec le sentiment et la conscience de n'être qu'un rappel à l'application aussi rapide que possible des règlements établis.

Je n'ai pas pu admettre qu'on pût un instant lui attribuer un autre sens et une autre portée.........................................................

........Entre temps, j'avais prévenu le ministre : « *Voilà la situation à* « *Chalon, malgré les efforts du préfet, les résultats ne sont pas obtenus ; on* « *a arrêté tel personnage à Beaune, il sera fusillé aujourd'hui, et je vous* « *prie, de votre côté, de prendre les mesures les plus énergiques pour aider à* « *réparer cette situation.*

Le soir, je trouvai dans le cabinet du préfet la réponse du général Crémer :

« *Identité du nommé Arbinet constatée, il a été fusillé à quatre heures* « *précises, suivant les ordres reçus.* »

Ma dépêche et celle du général Crémer furent expédiées à MM. Gambetta et Freycinet, à Bordeaux.

.......Deux jours après, j'étais revenu à Dijon......Je vis le préfet de la ville, M. Luce Villard......Je lui demandai si le nom d'*Arbinet*, que je venais de rencontrer sur une enseigne de boutique, appartenait à un parent de celui qui avait été fusillé à Beaune. Voici ce qu'il me répondit (comme idée sinon comme expression) :

« J'étais à Beaune le 27, je m'y étais réfugié pendant l'occupation de Dijon « par l'ennemi. J'assistais presque incidemment à l'exécution d'Arbinet qui « me fit en quelque sorte, au dernier moment, sa confession civile, contenant « des aveux, et me chargea de porter à sa famille ses dernières dispositions. « J'ai constaté que le coupable ne fit aucune récrimination, ni protestation « contre la mesure qui le frappait. Rentré à Dijon, quand mes occupations « me l'ont permis — c'est hier, me dit-il — j'ai été trouver la famille « d'Arbinet, j'ai vu sa femme et sa mère ; après les communications que « j'avais à leur faire, elles me racontèrent le dernier départ d'Arbinet, elles « me dirent les instances qu'elles avaient faites auprès de lui pour l'empêcher « de partir ; la femme me dit qu'elle se jeta à ses genoux en lui faisant « remarquer les dangers auxquels il s'exposait ; qu'il gagnait assez pour ne « pas s'exposer à ces périls, elle le supplia de ne pas partir. Arbinet partit et « ne revint plus. »

......Je n'ai jamais reçu et je n'avais pas qualité pour recevoir communication du rapport que le général Crémer a dû faire, d'après les règlements établis, mais il aurait pu m'être communiqué comme beaucoup d'autres choses. De sorte que j'ignore encore comment les choses se sont passées. Je ne sais pas, d'une façon que je puisse qualifier d'officielle, comment le général Crémer a pris ma dépêche ; comment il l'a interprétée et quelles mesures il a pu prendre comme général ; car je ne puis pas admettre comme base d'un raisonnement les publications de la presse et toutes les accusations qui, depuis cette époque, ont été dirigées aussi bien contre le général Crémer que contre ma personne. En ce qui me concerne, voilà les faits, vous les apprécierez.................................................

.......M. Dezanneau. — On a traité Arbinet d'espion ; y avait-il des preuves? Y a-t-il eu des papiers trouvés sur lui, des pièces qui indiquassent ce fait ?

M. de Serres. — Plus que cela. La qualité d'espion ne se prouve guère par des papiers, c'est une chance très rare qu'il en soit ainsi. Un espion sait très bien qu'il ne passera pas sans être regardé. En passant les lignes, il est exposé à être fusillé ; aussi, porte-t-il le moins possible de pièces et de papiers compromettants. J'ignore entièrement ce qui a été trouvé sur Arbinet, mais voici ce que, moi, j'ai constaté :

Arbinet est venu trouver le général Bourbaki à Chalon. Pour cacher ses manœuvres et couvrir sa sortie de la ville, il a donné au général, à Chalon, des renseignements inexacts et sur des choses qu'il connaissait bien certainement.

En second lieu, Arbinet était suivi depuis huit jours. Arbinet a trompé le général Crémer en personne et celui-ci déclare que, s'il avait pris pour bons les renseignements d'Arbinet, il aurait été se jeter dans la gueule du loup à Dijon. Le général Crémer donne cette affirmation de la manière la plus formelle ; il a dit devant les autorités compétentes : — « C'est vrai, j'ai pris

« la dépêche de M. de Serres pour un ordre. Je m'empresse toutefois de dire « que, si cette dépêche ne fût pas arrivée, Arbinet eût été fusillé à la même « heure et dans les mêmes conditions, parce que moi, Crémer, j'avais la « conviction, la certitude que cet homme était un espion et un misérable. Il « m'avait trompé personnellement. »..................................

M. Dezanneau. — Si je ne me trompe, dans la déposition de M. Luce-Villard, il a été question d'une dépêche pour suspendre l'exécution.

M. Callet. — Non, il n'y a pas eu de dépêche, c'est un reproche qu'on lui a fait ici. Je vous ferai observer que le préfet ne nous a pas fait la même confidence qu'à vous. Il nous a dit que, dans son opinion, Arbinet n'était pas un espion ; que c'était un *fanfaron*, un *bavard* qui disait ce qu'il ne savait pas, mais qu'il le connaissait lui et sa famille.

M. de Serres. — C'est sa conviction personnelle. Si vous me permettiez de l'analyser, je pourrais vous dire que dans ces conditions-là, en temps de guerre, un bavard devient aussi dangereux qu'un espion. Supposez, en effet, que le général Crémer, en ajoutant foi à ces bavardages, ait marché sur Dijon ?

Ce que j'ai rapporté de la conversation de M. Luce-Villard a été dit devant deux témoins.........Comment se fait-il que M. Luce-Villard, qui depuis travaillait avec moi, qui n'ignorait pas que la dépêche venait de moi, s'il avait eu l'idée que cet homme ne fût pas coupable, ne m'en eût rien dit ?

C'est moi qui en ai parlé parce que j'ai vu ce nom sur une enseigne.

M. Callet. — Fût-il coupable, je ne crois pas qu'on pût le fusiller sans le juger.

M. de Serres. — C'est incontestable ! et quant à moi, je bondis quand on me dit : vous avez donné ordre de fusiller. J'ai demandé l'application aussi prompte que possible de la loi seule : le mot « aujourd'hui » l'indique. Dans ma pensée cela voulait dire : « Faites-le juger sur l'heure ». C'était un appel à l'application sévère de la loi existante. Je n'avais pas à entrer dans les détails et à donner une leçon d'application des règlements militaires que le général devait connaître mieux que moi et appliquer comme il l'entendrait.

M. Callet. — Il est bien constaté alors que cet ordre a été mal interprété par le général Crémer.

Dans la pensée du général Crémer, on lui donnait un ordre.

Il y a eu malentendu entre vous et lui.......

(Séance du 19 janvier 1872.)

(MM. de Serres et Crémer furent blâmés par la Commission d'enquête : l'un, d'avoir donné un ordre d'exécution, l'autre, de l'avoir suivi trop à ~~la lettre~~. Ni l'un ni l'autre ne furent condamnés de ce chef.)



Mâcon, imprimerie typographique et lithographique L. CHOLLAT.

# TABLE DES MATIÈRES

# TABLE DES GRAVURES

# TABLE DES CARTES & PLANS

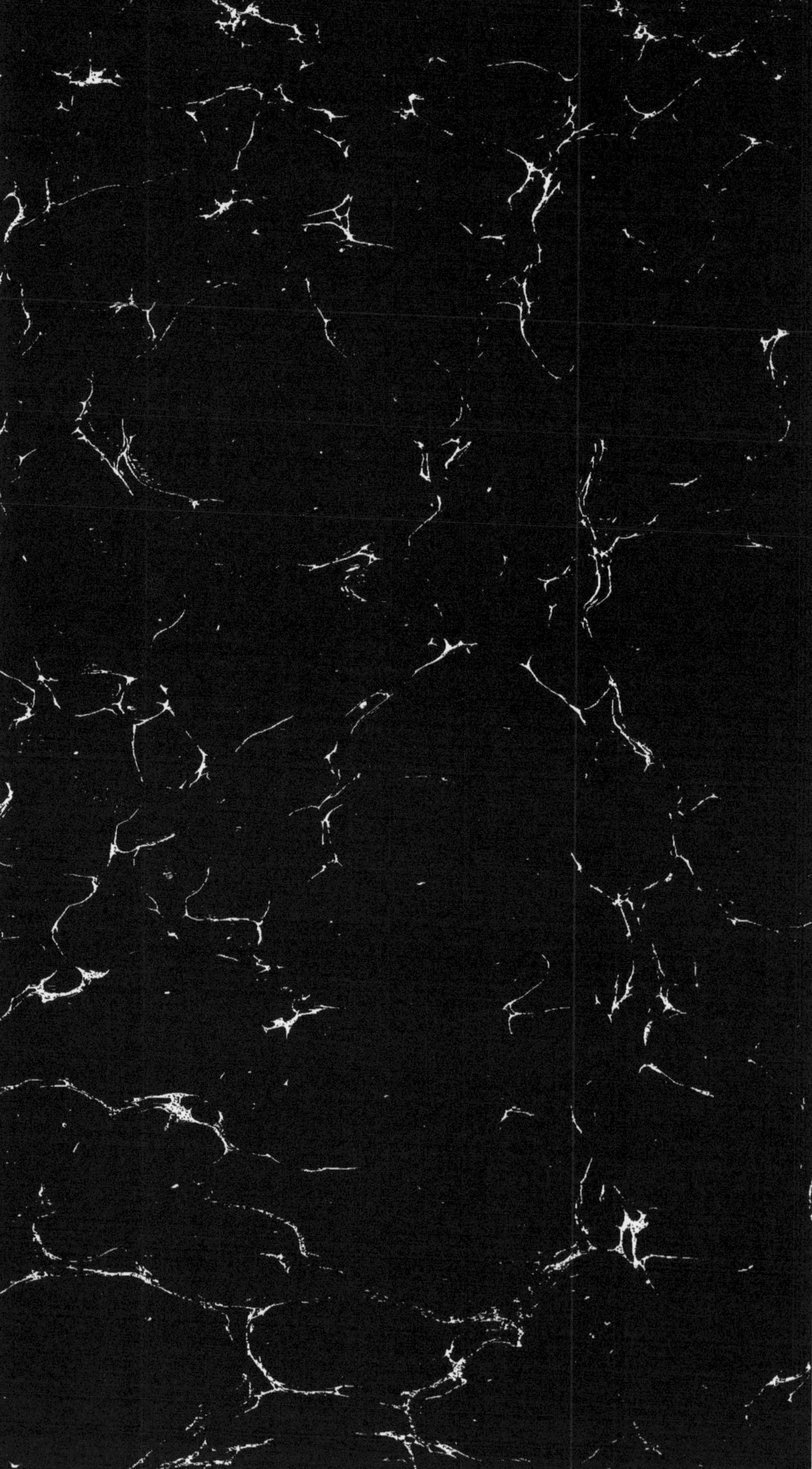

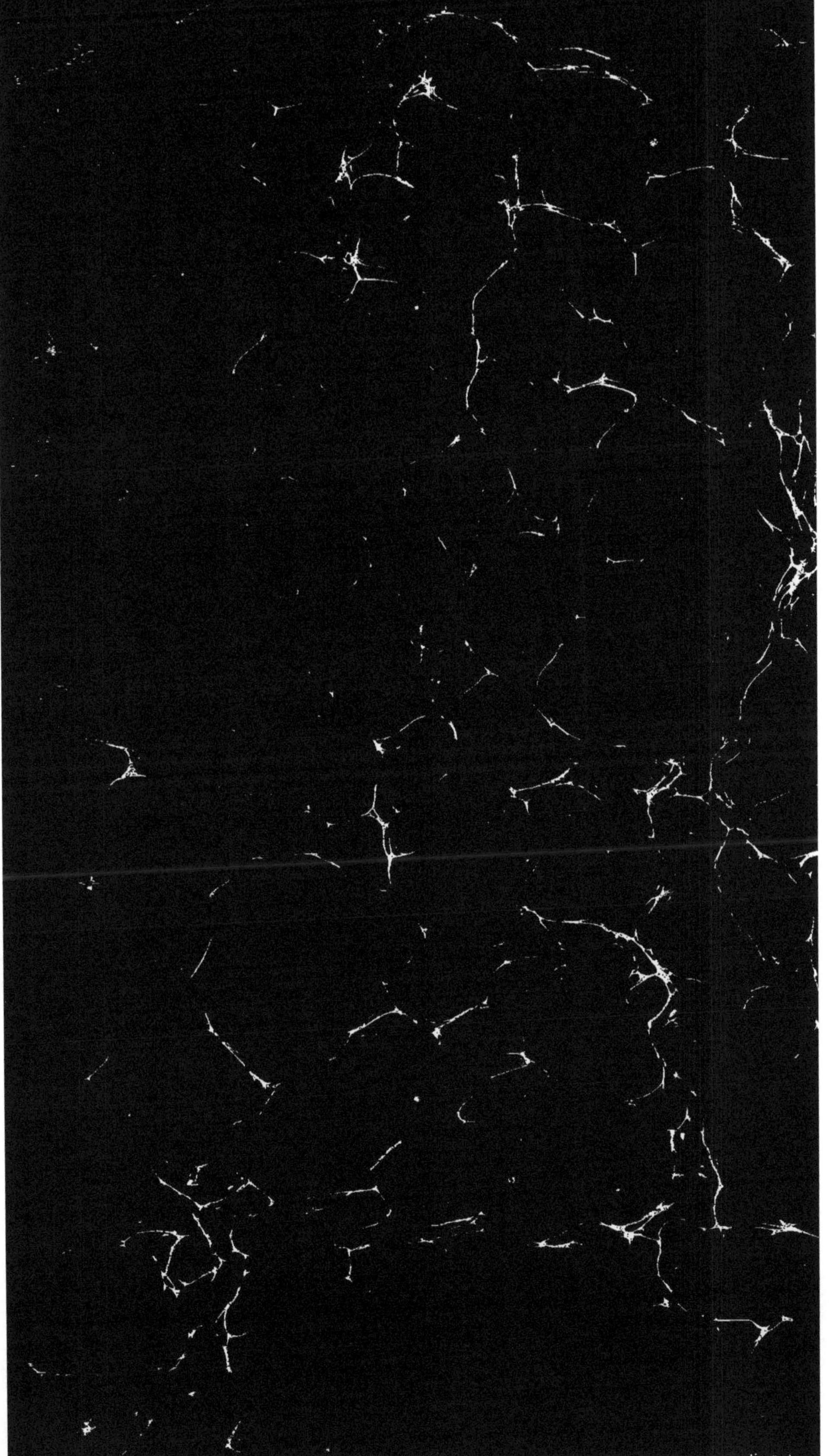

www.ingramcontent.com/pod-product-compliance
Ingram Content Group UK Ltd.
Pitfield, Milton Keynes, MK11 3LW, UK
UKHW021906260726
13966UKWH00006B/913